책을 꿰뚫어 보고 부리고 통합하라

책을 꿰뚫어 보고 부리고 통합하라

M.J. 애들러 원저 · 허용우 글

너머학교

어떻게 '잘' 읽을 것인가

책읽기의 어려움

학생들을 가르치면서 안타깝게 느끼는 것 중 하나가 책읽기를 힘들어한다는 것입니다. 학생들 자신은 책을 잘 읽는다고 생각하지만 막상 책을 읽으려 하면 졸린다고 합니다. 왜 졸릴까요? 그 책이 재미없어서라고 생각하기 쉽지만 어른들도 모르고 학생들도 모르는 사실 중 하나가 자신들의 독해 실력입니다. 다들 자신은 잘 읽는다고, 중간은 된다고 생각하지만 사실 무슨 말인지 모르고 읽는 글들이 많습니다.

최근 인문학에 관심이 많아졌지요. 그래서인지 어른들도 좋은 책을 읽어야 한다는 생각으로 직장이나 집에서 독서를 많이 하지만 책장을 덮고 나면 무슨 내용인지 잘 기억나지 않는다고 합니다. 혹은 좋은 내용이라는 것까지는 알겠는데 그게 '나의 삶'과 어떤 연관이 있는지,

도대체 뭘 얻을 수 있는지, 정말 책을 통해 나의 삶이 나아지고 있는 것인지 의심스럽다는 사람도 많습니다. 책읽기에 어려움을 겪고 있는 겁니다.

왜 이런 일들이 일어날까요? 흔히 말하듯이 입시 위주의 교육으로 독서를 등한시했기 때문일까요? 아니면 저자들의 글쓰기 실력이 부족해서일까요? 아니면 독자들의 읽는 실력이 부족해서일까요?

초중고의 다양한 학생들을 10년 넘게 가르쳐 본 결과, 학생들의 글 읽는 실력에 심각한 문제가 있다는 사실을 절감하게 됐습니다. 대부분의 학생들은 방금 전에 읽은 내용에 대해 말해 보라고 하면 다시 책을 들여다봅니다. 좀 전에 읽었는데 내용을 정리해서 말하기가 어려운 것이지요. 심지어는 뭘 읽었는지 모르는 경우도 있습니다. 한마디로 생각하지 않고 그냥 눈으로만 읽는 겁니다.

How to read a book

이런 문제를 고민하던 차에 모티머 애들러의 『독서의 기술(How to read a book)』이라는 책을 접하게 됐습니다. 애들러가 미국의 학생들에게 문제가 있다고 생각해 처음 책을 낸 것이 1940년입니다. 그 뒤 수십 년이 흘렀지만 여전히 독서에 대해 좋은 충고를 해 준다는 것에 놀랐습니다. 그리고 그의 충고에 따라 저 자신의 책 읽는 법부터 점검하고 학생들과도 해 보면서 우리가 이미 알고 있던 독서의 기법들이

이 책에 바탕을 두었음을 알았습니다.

독서는 저자와 독자 사이에 벌어지는 대화이자 정신적 교류입니다. 애들러는 독서하는 과정을 투수와 포수의 관계에 비유했습니다. 좋은 투수는 다양한 공을 던질 줄 압니다. 하지만 포수가 그 공을 잘 받을 수 없다면 좋은 경기를 할 수 없겠지요. 투수는 저자입니다. 일류 투수가 있고 그저 그런 투수가 있듯이 훌륭한 저자가 있고 그저 그런 저자도 있습니다. 뛰어난 투수는 직구만 던지지 않고 변화구도 자유자재로 구사하고 스트라이크존에 걸치는 아슬아슬한 볼을 던질 줄 압니다. 포수는 독자입니다. 저자의 다양한 의견과 주장을 절묘하게 받아들이는 독자가 뛰어난 독자이고 그러기 위해서 독자도 적절한 기술을 배워야 한다는 것이 애들러의 주장입니다.

또, 애들러는 독서의 기술을 익히는 것을 스키에 비유했습니다. 스키를 처음 배울 때는 누구나 잘 넘어지기 때문에 다치지 않도록 기술적으로 잘 넘어지는 법부터 배웁니다. 그런 다음 조금씩 자세를 배워가지요. 오른쪽으로 돌고 싶으면 왼발에, 왼쪽으로 돌고 싶으면 오른발에 힘을 줍니다. 시선은 전방으로 고정시키면서 스키가 교차되지 않게 주의하고…… 등등. 이렇게 단계적으로 하나씩 배워도 막상 스키를 타러 높이 올라서면 이런 것은 하나도 생각나지 않습니다. 그저 내려가는 것이 중요할 뿐이지요.

그렇습니다. 일단 내려가야 합니다. 그리고 다시 오르고 내리면서 그동안 배웠던 모든 기술이 자연스럽게 몸에 익숙해집니다. 부단한 연습을 거쳐 따로따로 배웠던 것이 하나의 기술로 합쳐질 때 눈 덮인 설원을 즐기며 스키를 타게 됩니다.

독서도 마찬가지입니다. 일단 읽어야 합니다. 하나하나 제대로 읽는 기술을 배우고 연습해 결국은 하나의 독서 방법을 얻습니다. 자연스럽게 읽어 가면서 질문과 답변을 주고받고 비판과 정리를 하는 것이 익숙해지면 아주 오래전의 저자와 마주앉아 대화하는 놀라운 경험을 하게 됩니다.

독서야말로 가장 수준 높은 교육이라는 애들러의 주장을 검증해 주는 예가 있습니다. 1920년대 미국의 시카고 대학은 그저 그런 대학에 지나지 않았습니다. 그런데 허친스 총장이 부임하면서 독서 교육을 강화했고 인문 고전 100권을 읽어야만 졸업할 수 있게 했습니다. 이후 시카고 대학에서는 많은 인재가 나왔지요. 노벨상 수상자도 무려 80여 명이 넘었습니다. 성공한 많은 사람들이 독서의 중요성을 강조하는 것도 비슷한 예입니다. 그러나 중요한 것은 무작정 많이 읽는 것이 아니라 잘 읽는 것입니다. 수준 높은 책을 골라 수준 높은 저자와 대화하는 경험을 많이 쌓을수록 인생의 수준도 한 단계 높아지는 것이지요.

누가 읽으면 좋을까요?

이 책은 애들러의 『독서의 기술』에 대한 해설서이자 안내서입니다.

애들러의 책이 서양 고전에 치우쳐 있고 낯선 말이 많다면, 이 책은 우리에게 익숙한 책들과 예문들로 쉽게 풀어 놓았습니다. 단순히 재미로 책을 읽는 사람, 빨리 읽고 많은 지식을 얻기 원하는 독자에게 이 책은 별로 와 닿지 않을 것입니다. 이 책은 정말 좋은 책을 제대로 읽는 방법을 알려 줍니다. 여러 권을 읽는 기술뿐 아니라 한 권을 제대로 보는 방법에 초점을 두었습니다. 무엇보다 잡다한 요약본을 읽고 대충 아는 척 하는 사람보다는 한 권을 여유 있게 음미하면서 즐길 줄 아는 독서가를 위해 썼습니다.

사실 초등 5~6학년이면 누구나 능숙하게 글을 읽을 수 있어야 합니다. 그리고 상당수의 아이들이 그러리라고 어른들은 상상합니다. 아이들은 마치 잘 읽는 것처럼 수업시간에 고개를 끄덕이고 연극하며 중학교 3년을 지냅니다. 그러다 보면 기본적으로 읽을 줄은 알게 되지요. 그러나 거기서 끝입니다. 그런 아이들은 고등학교를 마치고 대학에 진학해도 책을 읽을 줄 모릅니다. 그저 눈으로만 볼 뿐 행간을 읽어 내는 능력은 고사하고 문단의 중심 내용도 이해하지 못합니다. 대학에 다니지만 독해 능력은 초등학생에 머무는 겁니다.

이 책은 초등학생 수준에서 벗어나 고급의 독서를 하고 싶어 하는 사람들을 대상으로 합니다. 일찌감치 고급의 독서 기술을 배우고 싶은 초등 영재라면 꼭 읽기 바랍니다. 초등 단계를 완전히 마치고 중고등 학생답게 글을 읽고 싶은 학생들에게도 도움이 될 것입니다. 또 특목고에 진학하고 싶거나 진학했지만 심화 독서를 어려워하는 학생들도 읽으면 좋습니다. 그리고 대학생이지만 글을 읽고 요약하고 비판하는 일에 넌더리가 난다는 이들에게도 많은 도움이 될 것입니다. 무엇보다 자신만의 글쓰기를 목표로 하는 이들에게는 등대와 같은 역할을 할 것입니다.

2013년 가을에
허용우

지나치게 빨리 읽거나

느리게 읽으면 아무것도 이해하지 못한다.

파스칼

연습만이 완벽을 만든다.

아리스토텔레스

책에 질문을 하면 스스로 분석하고

사고한 만큼 답을 얻게 된다.

애들러

■ **일러두기**

- 원전의 번역본은 아래의 책들을 참고했습니다.

  모티머 J.애들러 저,『독서의 기술』, 민병덕 역, 범우사, 1986.

  모티머 J.애들러, 찰스 반 도렌 공저,『생각을 넓혀주는 독서법』, 독고 앤 역, 멘토, 2010.

- 사진 자료를 싣는 데 아래의 도움을 받았습니다.

  국내 출판사들(이름은 본문에), 서울대학교 규장각 한국학연구원, 한국학중앙연구원,
  Wikimedia Commons.

- 본문에 글과 사진의 인용을 허락해 주신 국내의 많은 출판사에 감사를 드립니다. 서지사항은
  본문에 자세히 기입했습니다.

1장

책으로 배우고
책으로 성장한다

책을 왜 읽나요? 읽을 시간도 없다고요? 재미나 의무로 하는 독서를 벗어나 보면, 수준 높은 책이 있고 독서의 수준에도 단계가 있음을 알게 된답니다. 최고 단계의 독서가 열어 주는 완전히 새로운 세계를 맛보고 싶지 않나요?

THE
Tragicall Historie of
HAMLET,

$E=mc^2$

1

독서하는 법을 배우고
독서로 터득하다

이 책은 모자일까?

먼저 이 책을 읽으려면 연필과 메모지, 공책 등이 필요합니다. 가볍게 훑어보려는 독자라 해도 연필을 준비하면 도움이 될 것입니다.

여러분은 왜 책을 읽습니까? 책을 읽는 자신만의 특별한 방법이 있습니까? 왜 이 책을 선택했나요?

자, 생각했습니까? 답을 썼나요? 썼다면 여러분은 정말 훌륭한 독자입니다. 비교적 빠른 시일에 독서의 기술을 익힐 수 있을 것입니다.

하지만 "뭐야, 꼭 이렇게까지 해야 하는 거야?"라고 불평할 독자도 많을 것입니다. 그러나 저를 믿고 한번 따라와 보세요. 분명 후회 없는 여정이 될 테니까요.

생텍쥐페리의 『어린왕자』라는 책은 적어도 제목만큼은 모두가 알고 있겠지요. 이 책에는 유명한 대목들이 많지만 그중 비행사인 '나'가 어린 시절에 그린 그림 이야기는 매우 흥미롭습니다. 비행사는 굉장히 무서운 그림이라고 하면서 어른들에게 보여 주지요. 그러나 그 그림을 본 어른들은 모자 그림이 뭐가 무섭냐며 콧방귀를 뀝니다. 사실 그 그림은 모자가 아니라 코끼리를 삼킨 보아 뱀을 그린 것인데 말이지요. 그림의 의미를 전혀 알 리 없는 어른들은 쓸데없는 그림은 집어치고 가서 공부나 하라고 말합니다.

여러분은 어떻게 생각하나요? 그림을 이해하지 못하는 어른들이 답답한가요? 아니면 "이 따위 그림을 그릴 바에야 공부를 하는 게 낫지."라고 생각하나요? 어떤 입장에 서느냐에 따라서 그림에 대한 태도는 완전히 달라집니다. 같은 것을 보고도 전혀 다른 생각을 할 수가 있지요.

『어린왕자』 이야기를 좀 더 해 볼까요? 사막에서 비행기 조종사 앞에 나타난 어린왕자는 뜬금없이 양을 그려 달라고 조릅니다. 이에 조종사는 공들여 그림을 그려 주지만 번번이 퇴짜를 맞지요. 양이 너무 늙었다는 둥, 병들었다는 둥, 양이 아니라 염소라는 둥. 지칠 대로 지친 조종사는 대충 상자 하나를 그려 줍니다. 그 안에 네가 원하는 것

1943년 프랑스 갈리마르 출판사에서 나온 『어린왕자』의 초판본 표지입니다. 저자인 생텍쥐페리가 직접 그린 삽화가 실려 있지요. 지금까지 대략 220개 언어, 180개 이상의 나라에서 번역 출판되었답니다.

이 들어 있다는 말과 함께. 어린왕자는 그제야 비로소 만족하지요.

여기 한 권의 책이 있습니다. 하나의 상자입니다. 모자일 수도 있고요. 여러분은 여기서 무엇을 발견할 수 있을까요?

물론 정말 별 볼 일 없는 책이라면 아무리 애를 써도 여러분은 별로 건질 것이 없겠지요. 하지만 적어도 이 책은 '모자'가 아니고, '코끼리를 삼킨 보아 뱀'이라고 자신 있게 말할 수 있습니다. 게다가 이 책에서 멋진 양을 발견하는 것은 여러분의 마음속 어린왕자에게 달려 있기도 하지요. 중요한 것은 눈에 보이지 않는다는 말을 꼭 기억해 두기 바랍니다.

책을 통해 생각하는 힘이 길러진다고?

자, 이제 이 책을 적극적으로 읽겠다는 마음이 들었나요? 그럼 이런 생각을 해 봅시다. 우리는 독서를 통해서 무엇을 얻을 수 있을까? 우리는 왜 책을 읽는가?

이 책은 미국의 모티머 J. 애들러가 쓴 『독서의 기술(How to read a book)』을 바탕으로 해서 썼습니다. 애들러의 책은 세계 여러 나라에서 책읽기의 교과서라는 찬사를 받고 있어요. 애들러는 "읽을 가치가 있는 좋은 책을 지적이고 적극적으로 읽기 위한 규칙을 서술하기 위해" 책을 썼다고 밝혔습니다. 두 번 이상 꼼꼼히 정독할 가치가 있는 책만을 위한 방법이라는 말이지요. 이런 원칙은 우리 책에도 똑같이 적용됩니다. 앞으로 이 책에서 제시될 모든 독서 방법은 두세 번 읽을 만한 가치가 있는 좋은 책에만 적용된다는 사실을 기억하세요.

우리는 흔히 독서를 통해서 지식을 얻는다고 말합니다. 그러나 현대인들은 대체로 독서보다는 인터넷을 통해서 지식을 얻습니다. 여러분은 어떤가요? 『어린왕자』가 궁금하다면 책보다는 인터넷을 뒤져 보지 않았을까요? 그것이 잘못이라는 말은 아닙니다. 다만 책을 통해 지식을 얻는다는 말이 좀 궁색하게 들리긴 하지요. 만일 인터넷 검색을 통해 『어린왕자』에 대한 지식을 얻었다고 해 봅시다. 과연 책에서 얻는 지식과 같을까요?

그렇지 않습니다. 책에서 얻는 지식은 인터넷에서 얻는 것보다 훨씬 풍부합니다. 『어린왕자』 책이 있다면 한번 펼쳐 보세요. 보아 뱀 이야기며 양 그림 이야기는 물론이고 그보다 더욱 흥미진진한 장면들이 파노라마처럼 펼쳐져 있습니다. 게다가 작가의 생애에 대해서도 자세히 살펴볼 수 있고, 운이 좋으면 전문가의 해설도 읽을 수 있습니다. 무엇보다 진한 감동을 받고 가슴이 뭉클해지며 눈물이 글썽해지는 경험은 인터넷 정보로는 도저히 얻을 수 없지요.

독서는 깊이 있는 지식과 흥미로운 경험을 제공합니다. 재미와 더불어 지혜도 줍니다. 무엇보다 좋은 책은 생각하는 힘을 길러 주고, 독자를 저자의 수준으로 끌어올리는 힘이 있습니다. 무슨 소리냐고요? 독서가 좀 더 풍성한 지식을 주는 것까지는 동의할 수 있지만 생각하는 힘을 길러 주고 독자를 저자의 수준까지 끌어올린다는 것은 좀 과장이라고 생각하나요? 자, 과연 그런지 아닌지 곰곰이 생각해 봅시다.

책을 통해 저자와 대화한다는 것

내용이 쉬운 책은 술술 읽힙니다. 내용을 완벽하게 이해했다면 저자와 책에 대해 무난히 이야기를 나눌 수도 있을 뿐만 아니라 저자의 수준으로 비슷한 글을 쓸 수도 있을 것입니다.

만일 좀 어려운 책을 읽는다면 어떨까요? 내용을 이해하기도 벅찰뿐더러 토론이나 대화는 꿈도 꿀 수 없다면요? 하지만 읽고, 읽고 또 읽어서 완벽히 이해했다고 해 봅시다. 백 번이나 읽고 쓰면서 책의 내용을 완전히 이해했던 세종대왕처럼 말이지요. 그랬다면 여러분은 그 어려운 책의 저자와 같은 수준이 된 것입니다. 적어도 그 책에 대해서만은 저자의 수준으로 자신의 수준을 끌어올린 것이지요.

우리는 흔히 독서를 **독자와 저자의 대화**라고 합니다. 어떻게 그게 가능하냐고요? 의심스러워하는 이 순간에도 저자인 저와 독자인 여러분의 대화는 계속되고 있습니다.

저자는 독자를 예상하고 글을 씁니다. 독자의 궁금증을 예측할 뿐 아니라 독자의 반응을 미리 추측하고 대안도 내놓습니다. 독자 역시 궁금한 점을 저자에게 직접 묻지는 못하지만 마음속에 품습니다. 책을 읽으면서 궁금한 점이 저절로 풀리기도 하고, 저자가 했음직한 대답을 생각해 보기도 하지요. 또 저자의 대답에 대해 의문점이 생기면 다른 책을 찾아보기도 합니다. 그러다 보면 드디어 의문이 해소됩니다. 독자와 저자의 대화란 이런 것입니다. 시간과 공간을 초월하고 나이와 수준, 국경을 뛰어넘어 책이라는 매체를 통해 영혼의 대화가 이루어집니다. 이런 대화를 반복하다 보면 어느새 최고의 저자들, 고전의 저자들과 만나게 되는 것이지요.

물론 이런 최고의 독서는 하루아침에 이루어지지 않습니다. 많이 읽고 수많은 저자와 무수히 많은 대화가 오고간 뒤에야 가능한 일입니다. 고백하자면 저 또한 『어린왕자』에서 꽃이 말하는 의미를 느끼는 데 30년이 걸렸습니다. 어려서는 그저 까칠한 장미라고만 생각했는데 나이가 들어 결혼생활을 꽤 하다 보니 장미가 하려던 말이 무엇인지, 생텍쥐페리가 하려던 말이 무엇인지 알게 됐습니다. 단순한 지식 이상의 것을 얻게 된 것이지요.

왜 독서의 기술인가?

우리 자신을 성장시키는 최고의 독서를 위해서는 먼저 무엇을 해야 할까요? 어떻게 해야 그런 수준에 오르게 될까요? 천재성을 타고나야 할까요? 아니면 그저 많이 읽다 보면 저절로 최고의 독서가가 될까요? 아니면 따로 배워야 할까요?

대부분의 사람은 독서 기술을 배워야 합니다. 어떤 사람들은 책을 많이 읽다 보면 저절로 독서법을 터득하게 되는 것이지 특별한 기술이 어디 있냐고 하지만, 그런 사람들도 나름대로 읽는 방법이 있습니다. 그런 방법들을 체계화한 것이 바로 독서의 원리, 독서의 기술입니다.

독서의 기술을 발견했다면 이제 그 방법을 배우고 익혀야 합니다. 이때 가장 필요한 것이 꾸준한 독서 습관입니다. 여러분이 잘 아는 것처럼 세종대왕은 책을 하도 열심히 읽어서 눈병이 났다지요. 독서하지 못하도록 책이란 책은 모조리 치워 버렸지만 왕은 어딘가에 남아 있을 책을 찾아 몰래 봤다고 합니다. 이 정도까지는 아니어도 책을 꾸준히 읽는 습관이 필요합니다.

 좋은 책을 고르는 법 또한 독서 기술에 해당합니다. 어떤 사람은 책은 다 좋은 것이라고 하지만 그렇지 않아요. 겉만 번지르르하면서 알맹이가 없는 책은 마치 불량식품 같아서 읽다 보면 책에 대한 흥미가 떨어질 뿐 아니라 생각의 수준도 낮아집니다. 특히 어릴수록 나쁜 책을 읽고 잘못된 가치관을 갖게 될 가능성이 높습니다.

또 자기 수준에 맞는 독서가 필요합니다. 아무리 좋은 책이라 해도 자신의 수준을 지나치게 넘어서면 독서의 효과는 떨어집니다. 자신의 수준을 파악하고 적당한 수준의 책에서부터 차근차근 다져 나갈 때 독서 능력이 단계적으로 차근차근 향상됩니다.

2

독서에도 수준이 있다

독서의 새로운 세계

축구에도 동네축구, 프로축구, 국가대항전 등 여러 수준이 있듯이 책에도 수준이 있습니다. 여러분은 어떤 책을 원하나요? 동네축구 수준에 그치는 책만을 고집하지는 않겠지요. 그리고 책에 수준이 있듯이 독서에도 수준이 있습니다. 독서의 수준을 초보, 중급, 고급으로 나눈다면 여러분은 당연히 고급 단계까지 올라가고 싶을 것입니다.

독서의 수준이라니 말도 안 된다고 생각하는 사람이 있겠지요. "텔레비전을 보는 데 무슨 기술이 필요하담? 축구 경기를 보는 데 무슨 수준타령이람……."과 비슷한 생각을 하겠지요. 사실 특별한 목적 없이 책을 읽는 사람에게는 독서의 수준은 의미가 없습니다. 그저 재미나 의무로 읽을 뿐인 독서에는 수준이란 것 자체가 존재하지 않으니

왼쪽은 1907년 미국에서 출간된 『이상한 나라의 앨리스』 표지예요. 1865년 영국에서 처음 출간됐을 때는 존 테니얼이 표지 삽화를 그렸는데, 이 판본에서는 찰스 로빈슨이 그렸어요. 오른쪽은 작가 루이스 캐럴(본명은 찰스 루트위지 도슨)이 출판되기 전에 직접 쓰고 그린 본문 중 한 쪽입니다.

까요.

　재미나 의무로만 하는 독서는 이제 벗어나 보세요. 분명 책에는 수준이 있고 독서에도 단계가 있음을 알게 됩니다. 마치 『이상한 나라의 앨리스』의 앨리스처럼 토끼 굴에 들어가서 새롭고 신나는 세계를 만나는 경험을 하게 될 것입니다. 여러분 모두가 수준 높은 독서의 세계에 빠져 보길 바랍니다.

　그럼 독서의 수준에 대해 알아볼까요? 먼저 **재미로 읽는 글**들이 있습니다. 흔히 말하는 연애 소설과 장르 소설, 인터넷 소설, 만화책, 잡지, 잡다한 인터넷 기사 등이 포함됩니다. 이런 글은 누가 읽지 말라고 해도 저절로 눈길이 가고, 읽는 데 특별한 기술이나 조건이 필요 없습니다. 물론 읽기가 서툰 사람에겐 이런 글조차 쉽지 않겠지요.

그리고 좀 더 어려운 책들이 있습니다. **교과서와 교양 서적, 자기계발서, 학교에서 필독서로 선정한 단편 소설** 등 흔히 지식을 쌓기 위해서 읽는 책들이지요. 이런 책은 시험 대비용으로도 읽고, 때로는 부자가 되기 위해서도 읽습니다. 특히 단편 소설의 경우 일정한 독서 수준에 올라야만 재미있게, 또 감동적으로 읽을 수 있어요.

다음 수준으로는 책을 좋아하는 친구들이 즐겨 찾는 분야입니다. **세계 명작과 장편 문학, 시집과 사회과학, 자연과학, 쉬운 고전**들이 해당됩니다. 학교의 추천도서 역시 대부분 여기에 포함되고, 학생들이 흔히 한 번쯤 읽으려고 시도했다가 그만둔 책들이 많아요. 모두가 좋은 책들이고, 책을 좋아하는 친구들 사이에서는 경쟁적으로 읽히기도 합니다.

끝으로 **고전 사상서**가 있습니다. 인류의 지혜가 모이고 모인 보물창고입니다. 그런데 사람들이 자주 찾지 않아서인지 보물창고로 가는 길은 이제 희미해졌습니다. 많은 사람들이 거기 가 봐야 별 볼 일 없다고 합니다. 창고는 텅텅 비었으며 예전에나 보물이었는지 몰라도 지금은 먼지만 날린다고 합니다. 이 창고에 보물이 남아 있는지 먼지만 쌓여 있는지는 가 본 사람만이 알 수 있겠지요.

독자의 독서 능력에도 수준이 있습니다. 낮은 수준의 책만 열심히 읽고, 수준 높은 책은 시도조차 하지 않는 사람들이 많습니다. 여러분은 어떤가요? 지금까지 말한 네 가지 수준의 책 가운데 자신이 좋아하는 분야가 어디 있는지 보면 금방 알 수 있습니다. 좋아하는 책의 제목이나 분야를 써 보세요.

단계별 책의 수준
1. 재미로 읽는 글
2. 지식을 제공하는 글
3. 세계 명작과 쉬운 고전
4. 고전 사상서

책읽기의 초보 단계와 중급 단계

이제 독서의 수준에 대해 좀 더 구체적으로 설명해 보겠습니다. 대체로 초등학교 저학년은 **독서의 제1수준, 기초적 읽기** 수준에 있거나 아직 거기에도 못 미칠 것입니다. 초등학교 고학년 중에서도 기초적 읽기 수준을 벗어나지 못한 학생들이 있긴 하지만, 대체로 5~6학년이라면 제1수준에는 익숙해졌다고 볼 수 있습니다. 단어와 문장 수준에서 글의 기본 내용을 정확히 파악하는 단계입니다.

이 수준은 너무 오래전에 끝냈기 때문에 어떤 상태인지 가물가물 하다는 독자들이 있겠지요. 그렇다면 외국어를 처음 배울 때를 떠올 려 보세요. 외국어를 처음 배울 땐 어떻습니까? 학교, 친구, 어머니, 아버지 등등 아주 기초적인 단어들부터 배우지요? 새로운 수학 개념 을 배울 때도 이와 비슷합니다. 처음으로 음수를 배울 때, 유리수와 무리수를 배울 때, 이때 우리는 어린아이로 돌아가 아주 차근차근 개 념을 익혀야만 합니다. 간단해 보이지만 이 단계를 소홀히 하면 나중 에 문제가 됩니다. 예를 들어 너무 느리게 읽거나 건성으로 읽는 습관 이 배게 되면 큰일이지요. 이에 대해서는 '3. 기초 수준의 책읽기'에 서 자세히 다룰 것입니다.

책을 유창하게 읽을 수 있다면 초보 독서의 단계는 끝난 것입니다. 보통은 초등 5~6학년 학생이 다양한 분야의 책을 즐기면서 읽는다 면 기초적인 읽기 단계를 지났다고 볼 수 있습니다. 그 증거로 이들은 교과서를 유창하게 낭독합니다.

> **📖 기초적 읽기 단계**
> - 단어의 뜻과 문장을 정확히 이해한다.
> - 너무 느리게 읽거나 건성으로 읽는 습관이 배지 않도록
>   주의할 것!

다음으로 **독서의 제2수준**은 초등학교 고학년부터 대학생에 이르기까지 광범위하게 퍼져 있습니다. 대체로 중고등학교를 거치면서 이 단계를 완료해야 하지만 소수를 제외하고 대부분이 이 단계에서 멈춥니다. 여러분도 여기에 속할 가능성이 높아요.

독서의 제2수준은 책의 수준에서 볼 때 **중급 단계**에 해당합니다. 중급은 기초에 비해 그 수준이 천차만별입니다. 아주 낮은 수준에 있는 사람은 소설 『소나기』를 겨우 이해할 정도이고, 이보다 좀 더 높은 수준인 중급은 요즘 인기 있는 '학교 추천도서'를 소화해 냅니다. 예를 들어 『내 영혼이 따뜻했던 날들』, 『명혜』 같은 중장편 소설에 흥미를 보입니다.

한편 독서의 제2수준은 좋아하는 책에 대한 편식이 심하고 어려운 책을 깊이 있게 이해하려는 노력이 부족한 단계입니다. 많은 사람들이 고등학교를 졸업하고 나면 더 이상 우리 문학에 대해 관심도 없고 우리의 단편 소설은 골치 아픈 것이라고 생각합니다. 더 나아가 책이라는 말만 들어도 입시 공부처럼 지겨워지고 책이라면 일 년에 겨우 한 권이나 읽을까 말까 하게 되지요. 자발적으로 책을 읽는 일은 거의 없고, 드라마를 더 좋아합니다.

독서의 제2수준은 **살펴 읽기**와 관련이 있습니다. 살펴 읽기란 미리 읽기라고도 할 수 있는데 책의 표면을 체계적으로 샅샅이 훑어보는 것을 말합니다. 절대로 대충 읽는 것은 아닙니다. 정해진 시간에 일정한 분량의 책을 읽어 낸다면 살펴 읽기를 할 줄 아는 것입니다. 예를 들어 15분이나 30분 안에 최대한 많은 내용을 파악하는 것을 목표로 하고 책 한 권을 다 읽습니다. 이때 책에 대해 모든 것을 정확히 알 필요는 없습니다.

살펴 읽기를 소홀히 하는 사람들은 대체로 책의 목차는 보지 않은 채 첫 장부터 차근차근 읽어 나가는데, 바로 이것이 쉬운 책을 어렵게 읽는 원인이 됩니다. 책을 '이해하려고 애쓰면서' 동시에 '책 전체가 무엇에 대한 이야기인지' 알아내는 것은 결코 쉬운 일이 아닙니다. 쉬운 책이 어렵고 복잡하게 느껴지는 것도 바로 그 때문이에요.

📖 **살펴 읽기**
- 15분~30분 안에 책 한 권을 다
  읽고 최대한 많은 내용을 파악한다.

책읽기의 고급 단계, 그리고 고수를 향하여

독서의 제3수준은 분석하며 읽기입니다. 좀 복잡하게, 그리고 조직적으로 읽는 고급 단계로 철저하게 읽기, 완벽하게 읽기, 할 수 있는 한 가장 잘 읽기라고 할 수 있습니다. 제2수준과의 가장 큰 차이는 시간 제한 없이 읽는 것입니다. 고등학생 정도면 거뜬히 올라야 할 수준이지요.

그러나 우리나라 현실에서는 좀 다릅니다. 내신과 수능시험 준비하려, 동아리 활동과 봉사활동, 게다가 논술 대비까지 하루가 서른 시간이어도 부족한 고등학생이 어떻게 시간제한 없는 완벽한 독서를 할 수 있겠습니까? 다만 시간이 허락하고 마음에 여유가 있다면 중학생이든, 고등학생이든, 대학생이든 이 중요한 단계를 얼마든지 갈고닦을 수 있을 겁니다.

자세한 내용은 제2장에서 다루겠지만, 일단 분석하며 읽기의 요점을 말하자면 **읽으면서 많은 질문, 체계적인 질문을 해야 한다는 것입**니다. 베이컨은 "어떤 책은 맛보는 것으로 충분하고, 어떤 책은 삼키면 되지만 간혹 잘 씹어서 소화시켜야 하는 소수의 책이 있다"고 했습니다. 잘 씹어서 소화시켜야 하는 책은 분석적으로 읽어야 합니다. 만일 분석적으로 읽는 방법을 배우지 못한다면 높은 수준의 책을 읽을 때 중요한 것들을 많이 놓칠 수밖에 없습니다.

분석하며 읽기를 해내려면 자신이 정말 읽고 싶고 이해하고 싶은 책을 골라낼 수 있어야 합니다. 독자가 자신의 수준에 맞는 책 중에서 정말 원하는 책을 골라서 탐독할 준비가 되어 있을 때 분석하며 읽는 것이 가능해집니다. 서점에 가 보면 편안히 자리를 잡고 앉아 독서 삼매경에 빠진 사람들을 볼 수 있습니다. 서가를 찬찬히 살펴보다가 원하는 책을 뽑고 선 채로 한 시간을 훌쩍 넘기는 독서광들도 종종 있지요. 이런 사람들은 대부분 저자와의 대화가 가능합니다. 저자의 의도를 제대로 파악하고 저자의 실수와 잘못까지도 너그럽게 감싸 안는 고급 독자들일 가능성이 높아요.

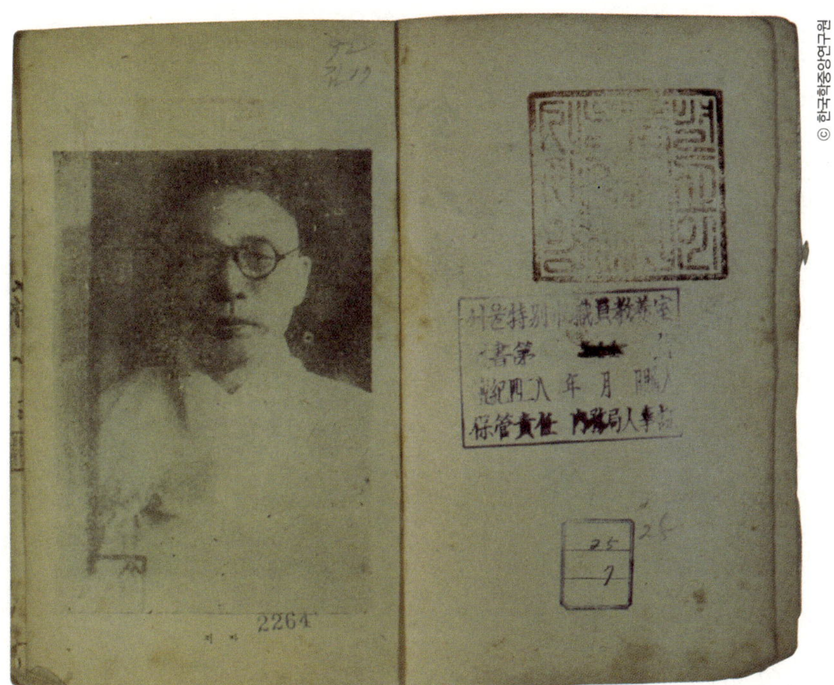

1947년 12월 15일 국사원이 발행한 『백범일지』 초판본 속표지예요. 아들 김신에 의해 상·하권으로 발행된 이 판본은 1997년 대한민국 보물 제1245호로 지정됐고 현재 서울 용산에 있는 백범기념관에 보관돼 있습니다.

이런 독자들은 저자의 삶의 굴곡이 그대로 드러나는 자서전을 흥미롭게 읽을 수 있습니다. 『헬렌켈러 자서전』이나 『백범일지』에는 위인들의 멋진 모습만 나오는 것이 아니에요. 초등생용 위인전과는 좀 다르게 저자의 편견이나 오류도 있는 그대로 나타난답니다. 뿐만 아니라 그 시대의 상황을 반영하는 표현과 어휘들이 많이 등장하기 때문에 이해하기가 만만치 않습니다.

세계 명작이라고 찬사를 받는 책들도 사실 시대의 편견에서 완전히 자유로울 수는 없습니다. 어렵고 낯선 것은 물론, 심지어 거북한 부분도 있습니다. 세밀한 묘사가 지루하게 느껴질 수도 있고 인물 간의 갈등이 복잡하게 얽혀 있어 도대체 작가의 의도가 무엇인지 파악하기 힘든 경우도 있지요. 이렇게 약간은 지루하고 복잡한 작품을 오히려 즐기는 독자라면 분석하며 읽기 단계, 즉 제3수준의 독자라고 할 수 있습니다.

마지막으로 **고전 사상서를 즐기는 독자**는 독서의 가장 높은 경지에 도달했다고 할 수 있습니다. 고전이란 사람들이 가장 많이 이야기하지만 정작 아무도 읽지 않는 책이라는 말이 있지요. 좋은 책이긴 하지만 읽기에는 결코 만만치 않다는 뜻일 수도 있습니다. 그런 책을 즐겨 읽는 독자야말로 독서의 고수라고 할 수 있어요.

독서의 고수에 속하는 독자들은 **독서의 제4수준, 통합적 읽기**가 가능합니다. 고전을 읽는다고 해서 바로 통합적 읽기를 할 수 있는 것은 아니지만 대체로 고전을 즐길 수 있는 독자는 통합적 읽기에서 요구되는 독해력이 있다고 볼 수 있습니다. 읽기 어려운 고전을 즐겁게 술술 읽는다면 통합적 읽기의 복잡하고 체계적인 읽기, 비교하며 읽기를 소화해 낼 수 있기 때문입니다.

사실 책의 내용이 쉽다고 해서 통합적 읽기가 쉬운 것은 아닙니다. 통합적 읽기는 한 권의 책만 읽는 것이 아니기 때문입니다. 통합적 읽기는 하나의 주제로 수많은 책을 연결시키고 서로 비교해 가면서 읽는 것을 말합니다. 게다가 읽은 내용만을 서로 비교하는 것이 아니라 어느 책에서도 발견하지 못한 주제를 찾아내고 분석하는 작업을 말하기도 합니다. 통합적 읽기는 가장 어렵지만 가장 많은 것을 얻을 수 있는 독서 단계입니다. 이 단계를 무난히 소화하면 대학생이나 대학원생 못지않게 논문도 너끈히 쓸 수 있을 것입니다.

다음은 초보적인 독서에 대해 설명할 것입니다. 초보 단계가 매우 중요한 것은 제1수준을 잘 익히지 못하고 제2수준으로 넘어갈 수는 없기 때문입니다. 무엇이든 기초가 가장 중요한 법이지요.

> 📖 **분석하며 읽기**
> · 충분한 시간을 들여 책의 내용을 제대로 이해하면서 읽는다.
>
> 📖 **통합적 읽기**
> · 한 가지 주제에 대해 여러 권의 책을 비교하면서 읽어야 한다.

3

기초 수준의 책읽기

스스로 책 읽는 흥미를 발견하기까지

이 책을 읽는 여러분은 대부분 기초 수준의 읽기는 마쳤을 것으로 생각해요. 다만 자신이 어떤 과정을 지나왔는지 궁금하다면, 혹은 아직 해결할 문제가 남아 있다면 이 장을 꼼꼼히 읽어 보기 바랍니다.

제1수준의 독서는 나이와 학년에 따라 크게 4단계로 나눕니다. 1단계는 읽기를 준비하는 시기로, 유치원 시기라고 할 수 있습니다. 요즘 성장이 빠른 아이들은 2~3세에 이미 글자를 익히기도 하지만 보통은 6~7세 정도 돼야 정신적, 신체적으로 글을 익힐 준비가 됩니다. 물론 개인에 따라 편차는 있어요. 옛날에는 9~10세에야 글을 읽기 시작하는 경우도 많았습니다. 사실 글을 2세에 깨우치나 9세에 깨우

치나, 15세 무렵이면 누구나 유창하게 읽게 됩니다. 좀 일찍 글을 읽는다고 해서 반드시 독서를 좋아하는 것은 아니지요.

만일 준비가 미흡한 상태에서 억지로 글 읽기를 배운 경우라면 자신도 모르게 책을 멀리하게 됩니다. 억지로 배운 것에 흥미를 갖기란 굉장히 어려운 일이지요. 글 읽기 기술은 상당한 집중력과 기억력, 사물을 구분하는 인지력, 말에 대한 감각, 배운 것을 받아들이는 사회성 등이 골고루 갖추어질 때 자연스럽게 터득하게 됩니다. 특별한 이유 없이 마냥 책읽기가 싫다는 사람은 혹시 어릴 때 억지로 글을 배운 탓일 수도 있습니다. 책 자체가 재미없는 것은 아니니 다시 독서에 취미를 붙여 보기를!

2단계는 초등 1~2학년 단계로 아주 간단한 내용을 소리 내어 잘 읽습니다. 그러다 점차 조용히 혼자 읽는 법을 터득하지요. 이는 생각만큼 그리 간단한 일은 아닙니다. 사람들이 책을 소리 내지 않고 읽게 된 것은 아주 최근의 일이고, 옛날 사람들은 다 소리 내어 읽었답니다. 습관 때문만은 아니고 소리를 내지 않으면 글의 뜻을 이해할 수가 없었기 때문이에요. 가끔 어려운 문장을 만나면 진짜로, 아니면 머릿속으로라도 소리 내어 읽어 보세요. 그러면 애매한 내용이 좀 더 분명해질 수 있습니다.

3단계는 초등 3~4학년에 해당합니다. 어휘력이 매우 빠르게 향상되고 단어를 문맥에 맞게 추리하는 능력도 생겨나는 단계이지요. 처음 보는 단어라도 앞뒤 문장에 따라 적절히 의미를 알아내는 기술이

『마사코의 질문』은 2005년 첫 출간된 손연자 (푸른책들) 선생님의 동화 모음집이에요. 「마사코의 질문」과 「방구아저씨」 등 여기에 실린 9편의 동화는 모두 일제 강점기 때 고난을 겪은 우리 민족의 이야기를 다루고 있지요. '생체 실험', '관동대지진', '일본군 위안부 문제' 등 역사적 사실을 이야기로 접할 수 있습니다.

생기기 때문에 빈칸 채우기 문제를 풀 수 있습니다. 특히 자신이 흥미로워 하는 분야의 책을 찾아서 읽기 시작합니다. 만화만 읽는 것이 아니라 역사나 과학, 또는 동화 등 특정 영역을 집중적으로 읽습니다. 게다가 잘 모르는 단어를 사전에서 찾는 능력도 생깁니다. 그러나 아직은 모르는 말이나 문장 등 배경지식을 알아내는 데 교사의 도움이 필요한 단계예요.

끝으로 **4단계는 초등 5~6학년에 완성**됩니다. 비슷한 책들을 읽고 비교하고 평가하는 능력이 갖추어지는 단계이지요. 소재나 주제가 비슷한 책들을 읽고 어느 책이 더 나은지, 비슷한 점은 무엇이고 차이점은 무엇인지, 각각 어떤 특징이 있는지 평가한 뒤 글을 쓸 수도 있습니다. 보통 서평이라고 하는 것이지요. 게다가 독서가 능숙해지므로 특정 영역만을 고집하지 않고 다양한 영역의 책을 폭발적으로 읽는 다독 능력 또한 생기게 됩니다.

4단계의 가장 중요한 점은 교사의 도움 없이도 어려운 책을 척척 읽어 낸다는 것입니다. 난해한 내용을 이해하기 위해 사전을 이용하거나 스스로 문맥에 맞게 유추할 줄 알게 되는 것이지요. 또 한 책에서 모르는 단어나 배경지식을 다른 책을 읽으면서 저절로 깨닫게도 됩니다. 상당한 어휘력과 집중력, 그리고 끈기가 필요한 단계예요.

예를 들어 『안중근 의사 자서전』을 읽는데 애매한 부분이 있다고 합시다. 만일 동학이나 일제 강점기에 대한 부분이 어렵다면 다른 역사책을 읽으면서 이에 대한 배경지식을 얻을 수 있습니다. 비슷한 시기를 소재로 한 『백범일지』를 읽으면서 역사에 대한 이해가 더욱 깊어질 것입니다. 『마사코의 질문』에 실린 「방구아저씨」라는 동화는 또 다른 깨달음을 줄 것이고요. 이런 경험들이 쌓여 책을 읽는 재미도 한 층 더 늘어나겠지요.

> **📖 독서의 제1수준**
> - 1단계: 유치원 시기—글을 익히다
> - 2단계: 초등 1~2학년—소리 내어 책을 읽다
> - 3단계: 초등 3~4학년—행간을 읽다
> - 4단계: 초등 5~6학년—어려운 책을 스스로 읽다

독서는 다른 공부와는 달리 결국은 혼자 하는 일입니다. 학교 수업이나 체험 학습은 누군가의 도움을 받을 수 있지만 독서는 저자를 제외하곤 의견을 나눌 대상이 없습니다. 물론 독서모임에 가입해 친구들이나 교사의 도움을 받을 수도 있지만 결국 책을 읽는 일은 어느 누구도 대신해 줄 수 없어요. 독서의 제2수준으로 올라가기 전에 잘못된 습관이 있는지 점검하고, 있다면 어떻게 고쳐야 할지 생각해 봅시다.

제1수준의 독서에서 문제가 되는 것은 무엇일까요? **책에 대한 지나친 거부감, 책을 읽는 속도가 너무 느린 것, 빠르게는 읽지만 건성으로 읽는 습관 등**을 들 수 있습니다. 책을 읽고는 싶은데 집중력이 낮아 자리에 오래 앉지 못하는 습관, 자신이 좋아하는 책만 골라 읽는 습관도 문제입니다. 또 열심히 재미있게 읽었는데 주인공의 이름도 기억나지 않고 줄거리가 잘 떠오르지 않는 것도 문제이지요. 대체 왜 이런 문제가 생길까요?

먼저 책에 대한 거부감 때문입니다. 사람들은 책이 싫은 것을 마치 자신의 취향인 듯 표현하곤 합니다. "책은 생긴 것부터 마음에 들지 않아. 저렇게 생긴 것은 꼴도 보기 싫어." 뭐 이런 식이지요. 그러나 잘 생각해 보세요. 책이 싫은 것이 아니라 책과 관련된 악몽 같은 기억이 있는 것은 아닌지. 책에 얽힌 나쁜 기억이 있다면 한번 써 보세요.

읽기 어려운 책을 억지로 읽어야 했다든지, 아직 연필 잡고 글을 쓰기도 힘든데 독후감을 써야 했다든지, 남들에게 책에 대한 감상을 이야기했더니 반응이 좋지 않았다든지 누구나 한 번쯤 독서에 얽힌 불쾌한 경험이 있을 거예요.

대부분의 독자들은 책을 좋아합니다. 단 자신의 수준에 맞는 책을 특별한 과제 없이 즐길 수 있다면 말이지요. 책을 읽어야겠다는 생각은 있는데 자꾸만 엉덩이가 들썩거린다는 독자들은 자기가 언제 어디서 책을 읽는지 생각해 봐야 합니다. 혹시 텔레비전 앞에서 읽고 있는 것은 아닌가요? 휴대전화가 옆에 있는 것은 아닌가요? 아니면 밖에서 놀고 있을 친구들 생각을 하는 것은 아닌가요? 아니면 침대에 누워 있다든지. 이 모두가 책에 대한 집중력을 흐트러뜨릴 수 있습니다. 책에 흥미를 붙이려면 집중력이 유지될 수 있는 장소와 시간을 신중하게 택해야 합니다. 대체로 많은 사람들이 열심히 책을 읽는 도서관이나 교실이 책 읽는 장소로는 적당하지요. 혹은 자기만의 조용한 독서 공간도 좋고, 때로는 공원 의자도 나쁘지 않습니다.

특정 분야의 책만을 읽는 것은 편식하는 것과 같습니다. 우유가 성장기에 좋다고 해서 우유만 먹고 살 수 없듯이 책도 마찬가지입니다. 다양한 책들을 골고루 읽는 것이 정신 건강에 좋습니다. 그럼 어쩌다가 특정 분야만 좋아하게 되는 걸까요? 자신의 관심사나 취향 때문일 수도 있겠지만 거꾸로 그 분야를 잘 알게 되면서 관심과 흥미가 더 많아진 때문일 가능성이 많습니다.

제 친구 가운데 역사 마니아인 친구가 있습니다. 그러나 처음부터 그렇지는 않았다고 합니다. 역사를 알면 알수록 배경지식이 쌓이고 지식이 점점 더 많아지면서 역사 분야의 책에 빠져들었답니다. 낯선 영역을 접할 때도 마찬가지이지요. 처음엔 관심 없는 분야라도 쉬운 책부터 골라서 읽다 보면 지식이 쌓이고, 그러다 보면 저절로 흥미가 생길 것입니다.

균형 잡힌 식단을 짜듯이 균형 잡힌 독서 계획표를 짜 보는 것도 도움이 됩니다. 자신이 지금까지 읽은 책을 분야별로 나눠 보고 문학, 과학, 수학, 위인전, 역사, 예술 등 다양한 분야를 읽을 계획을 세워 보기 바랍니다.

책을 읽긴 읽었는데 내용 정리가 잘 되지 않는 독자들이 있을 것입니다. 지금 이 책도 '흠흠, 좋아' 하고는 있지만 지금까지 읽은 내용을 말해 보라고 하면 당황하는 독자들이 있겠지요. 책을 싫어하는 것도 아니고 꽤 끈기 있게 앉아서 읽는 편인데 왜 이런 문제가 생길까요?

독서에 지속적인 흥미를 가지려면 어느 정도의 기억력이 필요합니다. 예를 들어 300쪽짜리 소설을 읽는다고 합시다. 다양한 사건과 많은 인물들을 기억해야 끝까지 흥미를 잃지 않겠지요. 누가 누군지 헷갈리면 책의 재미를 온전히 느끼기 힘듭니다. 책을 읽는 중간 중간,

필수적으로 기억해 두어야 할 것들이 있습니다. 소설이라면 주인공이라든지 중요한 사건을, 설명문이라면 일종의 공식이나 원리를 기억해야 합니다. 집중만 잘해도 되지만, 장별로 메모를 하면서 읽으면 기억하는 데 큰 도움이 됩니다.

기억을 잘 하는 것도 꾸준한 연습이 필요합니다. 처음에는 짧은 동화를 읽고 요약을 해 보고, 점점 긴 글을 읽으며 장별로 요약을 해 봅니다. 각 장의 제목에 맞게 간단히 줄거리를 요약하는 연습을 하다 보면 어느새 상당히 긴 장편 소설도 재미있게 읽게 될 것입니다.

> **📗 독서에 흥미를 붙이려면?**
> - 집중력에 도움이 될 시간과 장소를 고른다.
> - 장별로 줄거리를 메모하며 읽는다.

빨리 읽는 것만이 능사는 아니다

독서의 기술을 배우기 위해 책 읽는 속도도 반드시 점검해야 할 문제입니다. 여러분은 어떤 편인가요? 너무 느린가요, 아니면 너무 빠른가요? 너무 느리게 읽는 것도 문제이지만 너무 빨리 읽는 것도 문제입니다. 물론 빨리 읽고도 정확하게 읽고 제대로 이해한다면 매우 좋은 일이지요. 그러나 항상 그런 것은 아닙니다.

예를 들어 제주도 올레 길은 천천히 걷는 것이 제격이지요. 마음이 급해서 뛰어가거나 자동차를 타고 달려서야 결코 세 맛을 느낄 수 없습니다. 책 역시 내용에 따라 속도를 조절해야 합니다. 천천히 읽으며 내용을 곱씹고 섬세한 묘미를 음미해야 할 책도 있으니까요.

'속독'의 핵심은 무조건 빨리 읽는 데 있지 않고 책에 따라 적절한 속도로 읽는 것입니다. 단순히 눈을 빨리 움직이는 것이 속독은 아닙니다. 중요한 것은 어떤 책을 어떤 속도로 읽어야 하는지를 아는 것이지요. 책의 종류와 내용의 중요도, 쉽고 어려운 정도에 따라 속도를 조절해야 합니다.

시는 대체로 천천히 읽어야 합니다. 한 구절 한 구절 상상하면서 소리 내어 읽는 것이 좋습니다. 구어체 소설도 마찬가지입니다. 말투와 분위기를 충분히 살려 읽어야 합니다. 정보를 전달하는 글이나 주장을 내세우는 글은 쉽고 어려운 정도에 따라, 자신에게 익숙하고 낯선 정도에 따라 빠르기를 조절합니다. 간단히 필요한 정보만 얻으려는 글이라면 꼼꼼히 읽기보다는 빨리 훑어보는 것이 훨씬 낫습니다.

자신이 어떻게 읽고 있는지 한번 점검해 볼까요? 일단 **쉬운 책을 펼치고 손가락 끝을 짚으며 쭉 글을 따라가며** 읽어 봅니다. 이때 중요한 것은 손가락을 뒤로 되돌리면 안 된다는 점입니다. 이미 지나온 글자로 눈이 돌아가는지도 확인해 봅니다. 자꾸 눈이 뒤로 돌아가면서 손가락을 따라가지 못한다든지 마음이 답답하다면 읽기 속도를 조정해야 합니다. 대부분의 사람은 이미 읽은 부분으로 되돌아가 읽기를 반복합니다. 대체로 4~7회까지 돌아가 읽는 경향이 있다고 하는데 좋은 습관이 아닙니다.

 자꾸만 읽은 부분으로 돌아간다면 쉬운 책으로 다시 연습해 봅니다. 손끝을 짚어 가면서 읽어도 눈이 되돌아가지 않게 하면서 일주일 정도 연습하면 글을 읽는 속도가 부쩍 빨라질 거예요. 속도가 아주 빨라지면 손을 옆으로 움직이지 말고 문장 가운데 손을 짚어 가면서 한 줄씩 읽어 내려갑니다. 더욱 숙달이 되면 저절로 빨리 읽게 되고 손은 필요 없게 된답니다. 그러나 어려운 책을 이렇게 읽으면 안 되지요. 책을 이해하지 못한 채 눈 운동만 열심히 할 필요는 없어요.

 대체로 책을 많이 읽는 독자는 따로 배우지 않아도 저절로 속독을 터득합니다. 빨리 말하기를 배우지 않아도 언젠가는 빠른 속도로 말할 수 있는 것과 같은 이치입니다. 책을 빨리 읽는 것은 눈동자의 움직임보다는 어휘력과 배경지식, 집중력에 훨씬 많은 영향을 받습니다. 속독이 모든 것을 해결해 주지는 않습니다. 중요한 것은 책을 재미있게 읽는 거예요. 빠르게 많은 책을 읽는 것보다 중요한 책을 제대로 읽는 것이 훨씬 의미가 있음을 기억하기 바랍니다.

4

효율적인 독서, 살펴 읽기

좋은 책을 고르는 안목을 기르다

여기서 보게 될 살펴 읽기는 중고등학교를 다니거나 마친 독자들이 자신도 모르게 습득하는 기술이에요. 다만 그 기술을 좀 더 세밀하게, 의식적으로 구사하는지에 차이가 있을 뿐입니다.

살펴 읽기를 제대로 하지 못하면 비효율적인 독서로 아까운 시간을 허비하기 쉽습니다. 더군다나 특정한 결과물이 요구될 때는 심하게 허둥댑니다. 독서 탐구 과제물에 쩔쩔 맬 뿐만 아니라 만족스러운 시험 성적을 얻기도 어렵습니다. 시험 공부할 때 무슨 말인지 의미도 모른 채 무작정 외우기 때문이지요. 그런 독자들이라면 독서의 제2수준, '살펴 읽기'에 집중해 보기 바랍니다.

먼저 자신의 생활을 돌아봅시다. 여러분은 책 읽을 시간이 충분한

가요? 아마도 부족한 사람이 많을 것입니다. 읽을 책은 스스로 선택하고 있나요? 아마도 다양한 추천도서 목록에 의지하고 있겠지요. 한 권의 책을 끝까지 읽는 편인가요? 중간에 그만둔 책이 더 많을 것입니다. 이런 문제들을 어떻게 해결해야 할까요? 이런 문제를 해결하는 데 초점을 둔 읽기가 바로 **살펴 읽기**입니다.

짧은 시간에 충분한 독서의 효과를 얻고, 스스로 좋은 책을 선택하는 안목을 키우며, 좋은 책을 끝까지 읽는 것이 살펴 읽기의 목적입니다. 살펴 읽기는 2단계로 나눕니다. 귀중한 시간을 투자할 만한 책인지 아닌지 결정하고 빠르게 핵심을 파악하는 1단계와, 책 전체의 구조를 파악하면서 일단 한 번 읽어 보는 2단계가 있습니다.

> 📖 **살펴 읽기의 효과**
> - 짧은 시간에 독서의 효과를
>   최대한 많이 얻는다.
> - 좋은 책을 선택하는 안목을 키운다.
> - 좋은 책을 끝까지 읽게 된다.

체계적으로 훑어본다

먼저 살펴 읽기의 1단계를 알아봅시다. 1단계를 쉽게 경험하는 장소로는 서점이 좋습니다. 한 시간 정도 서점을 둘러보며 한 권의 책을 골라 보는 것이지요. 끌리는 책은 많은데 딱 한 권만 사야 합니다. 그럴 땐 어떻게 해야 할까요? 한 권을 골라 처음부터 쭉 읽어 보나요?

물론 그렇게 조금 읽어 보고 마음에 들지 않으면 다른 책을 볼 수도 있겠지요. 그러나 이런 경우 책의 앞부분만 집중적으로 보다가 책 전체에 대해 잘못된 판단을 하기 쉽습니다. 모든 독자들이 이런 식으로 책을 고른다면, 앞부분만 그럴싸한 책들이 마구 쏟아지겠지요. 우리가 골라서 읽어야 할 좋은 책은, 앞부분은 물론이고 끝까지 알찬 책이어야 합니다. 그런 충실한 책을 어떻게 짧은 시간에 알아볼까요?

방법은 체계적으로 훑어보는 것입니다. 짧은 시간 안에 과연 이 책이 주의 깊게 읽을 만한 가치가 있는지, 굳이 이 책을 선택할 가치가 있는지, 이 책이 다른 책보다 나은 점은 무엇인지 판단하는 것입니다. 그래서 선택한 책이 그다지 만족스럽지 않다 하더라도 이때 사용한 시간은 낭비가 아닌 무엇인가 배운 시간입니다. 살펴 읽기와 책 고르기를 반복하다 보면 어느덧 좋은 책을 단번에 알아보는 안목이 생기기 때문입니다.

책을 체계적으로 훑어보는 기술은 간단합니다. 이미 많은 독자들이 사용하는 기술이기도 하고요. 핵심은 다음의 순서입니다.

1. 속표지와 서문을 살펴봅니다.

2. 그리고 목차를 봅니다.

3. 색인, 찾아보기, 참고 항목을 살펴봅니다.

4. 앞뒤 표지의 소개 글을 주의 깊게 봅니다.

이 순서대로 빠르게 훑어보면 책에 대한 전반적인 내용을 파악할 수 있습니다. 저자와 편집자가 책에 대해 알려 주는 이 내용들을 파악하는 데 5분이면 충분합니다. 때로는 목차에서 알쏭달쏭한 암시를 주어야 독자를 끌어들일 수 있다고 생각하는 저자들도 있지만, 대개 저자는 자신의 의도를 분명히 밝히는 방향으로 서문과 목차를 꾸미기 마련입니다.

찾아보기에서 가장 많이 언급되는 단어는 그 책의 핵심 개념을 예측하게 해 줍니다. 또 참고도서는 책의 수준을 대략적으로 짐작하게 해 주고, 저자의 생각이 무엇에 근거하는지 드러내는 척도가 됩니다. 표지의 소개 글은 누가 읽어야 하는지에 대한 분명한 정보를 줍니다. 표지에 있는 추천사는 약간의 과장은 섞여 있을지라도 핵심이 무엇인지 알려 줍니다. 만일 이런 정보를 통해서 알려 주는 것이 별로 없다면 그다지 좋은 책은 아니라고 볼 수 있습니다.

그리고 나서 책의 본문을 살펴봅니다.

5. 책의 논점과 중심 내용이 무엇인지 생각해 봅니다. 서문 또는 저자의 말에서 짐작할 수 있습니다.
6. 본문을 띄엄띄엄 읽어 봅니다. 중요하다 싶은 대목에서 잠시 멈추었다가 다시 책을 휙휙 넘기면서 중심 내용을 찾아봅니다.

여기에는 대략 10~15분 정도를 투자합니다. 이리하여 총 20여 분

만에 책 전체를 파악합니다. 자신이 마치 명탐정이 된 것처럼 짧은 시간에 책 전체를 꿰뚫어보는 것이지요. 이제 결정을 내립니다. 이 책을 살 것인가 말 것인가. 이는 두고두고 읽을 만한 가치가 있는 책인가 아닌가라는 물음과도 같습니다.

살 만한 책이라는 판단이 들었다면 책의 종합적인 의미를 알았다는 뜻이기도 합니다. 어떤 종류의 책인지, 무슨 주제를 다루고 있는지, 어떤 방식으로 읽을지 감을 잡았다는 뜻입니다. 내가 알고 싶어 하는 주제와 관련해 자세히 설명하고 있는지, 실천 방법을 알려 주고 있는지, 어떻게 읽어야 바라는 것을 얻을 수 있는지에 대해 판단이 들었다는 말입니다.

> **살펴 읽기 1단계,
> 20분 안에 다음을 읽어 내라!**
> 1. 책의 종류와 대략적인 특징
> 2. 책에서 다루는 대상
> 3. 책이 말하고자 하는 바
> 4. 책이 내게 주는 의미
> 5. 이 책을 어떻게 읽을 것인가

간단히 정리해 봅니다. 머릿속으로 해도 좋고 간단히 메모를 해도 좋습니다. 먼저 지금 보고 있는 이 책으로 연습해 볼까요? 바로 위에서 제시한 대로 이 책을 살펴 읽고 써 보세요.

처음부터 끝까지 단숨에 읽는다

살펴 읽기의 두 번째 단계는 일단 한 번 읽어 보는 것입니다. 1단계에서 어느 정도 감을 잡았지만 책이 쉽지 않다는 생각이 들면 일단 처음부터 끝까지 한 번 읽어 볼 필요가 있습니다. 이는 본격적으로 분석하면서 읽는 것과는 다릅니다. 말 그대로 죽이 되든 밥이 되든 처음부터 끝까지 읽는 것이지요. 2단계의 살펴 읽기를 위해서는 어느 정도 시간과 안정된 장소가 필요합니다. 일단 한 번 읽어 보는 것도 그리 쉬운 일이 아닐 수 있기 때문입니다.

일단 한 번 읽기에는 시간제한이 효과적입니다. 물론 4~500쪽에 이르는 장편 소설이나 사상서를 읽을 때는 비교적 긴 시간이 필요하겠지만 될 수 있는 대로 짧은 시간을 정합니다. 이 단계에서 자세히 꼼꼼히 읽게 되면 일단 한 번 읽는 것이 어려워지고, 결국 반도 못 읽고 책을 덮기 쉽습니다. 어쩌면 그 책을 영원히 못 읽을 수도 있어요. "고전은 아무도 읽지 못하는 책"이라는 말에도 그런 의미가 있습니다. 이런 사태가 일어나지 않으려면 시간제한을 두고 최대한 빨리 읽어 버려야 합니다. 한 시간이든 두 시간이든 또는 하루든 최단 시간을 정해 읽습니다.

살펴 읽기로 충분히 이해되는 책이라면 굳이 구입할 필요까지는 없습니다. 한 번 훑어보고 다 이해된다면 우리의 정신적 수준을 높일 만한 책은 아니라는 뜻이니까요. 충분한 시간과 노력을 들여 몇 번을 읽어야 제대로 이해할 것 같은 책이라야 구입할 가치가 있습니다.

정말 좋은 책이지만 내용이 어렵다면 술술 읽고 한 번에 다 이해하려는 생각을 가져서는 안 됩니다. 또 남들이 정말 좋은 책이라고 말한다고 해서 나도 처음부터 그런 느낌을 기대하는 것은 좋지 않습니다. 처음부터 꼼꼼히 읽는 것보다 일단 한 번 읽어 보는 것이 훨씬 능률적이고 효과적인 독서 방법입니다.

"읽고 또 읽고 하는 것은 시간 낭비가 아닐까? 정말 좋은 책이라면 한 번에 이해되는 것이 맞지 않을까?" 그러나 이런 생각이 정말 좋은 책을 못 읽게 만드는 주범입니다. 정말 좋은 책은 한 번에 이해되지 않습니다. 정말 좋은 책은 일평생 읽어도 좋고, 너덜너덜해질 때까지 아무리 많이 읽어도 항상 새롭습니다.

책 한 권을 한 번에 다 읽는 방법으로 대충 읽는 것 말고 뭐 특별한 게 있느냐고요? 한 번 읽는 것만으로도 매우 많은 것을 얻을 수 있는 방법이 분명 있습니다. 한 번 살펴 읽는 것은 결코 대충 읽는 것이 아니고 일단 한 번 읽으면서 최대한 많은 것을 얻는 독서법입니다.

먼저 **이해할 수 있는 부분에 집중**해 읽습니다. 흔히 이해가 잘 되지 않는 부분에 집중해서 읽어야 한다고 생각하는데 이는 쉬운 책을 읽을 때 사용하는 방법입니다. 내용의 70~80% 이상 이해되는 책을 읽을 때는 잘 이해되지 않는 부분을 자세히 읽어야 합니다. 그러나 대부분이 어려운 책을 일단 한 번 읽어 볼 때는 이해할 수 있는 부분에 주목해 읽는 것이 좋습니다. 이해가 안 되는 부분에서 멈추지 않고 대략 살핀 뒤 바로 넘어갑니다. 마치 미로 찾기 하듯 현기증을 유발하는 난해한 책이라도 계속 읽다 보면 곧 이해할 수 있는 부분이 나타납니다. 이 부분에 집중해서 읽어 갑니다.

주석이나 참고문헌 등으로 시선이 흩어져서도 안 됩니다. 딴 데로 눈을 돌리면 길을 잃기 마련입니다. 모르는 문제를 붙들고 있어 봤자 아직은 풀 수 없습니다. 포기하라는 말이 아니라 단지 두 번째 읽기로 미뤄 두라는 말입니다. 다음에 읽을 생각으로 미루긴 했지만 언제 다시 이 책을 읽을 수 있을지 기약하기 어려울 수도 있습니다. 그럴 경우에도 지금 읽은 것이 쓸모없거나 시간 낭비인 것은 아닙니다. 혹시 다시 읽지 못한다 해도 어려운 부분에 부딪혀 책읽기를 포기하는 것보다는 절반이라도 이해하는 것이 훨씬 낫습니다.

> **📖 살펴 읽기 2단계, 일단 한 번 읽는다**
>
> · 1~2시간 등 시간제한을 둔다.
> · 처음부터 끝까지 읽는다.
> · 이해할 수 있는 부분에 집중한다.
> · 주석이나 참고문헌은 넘어간다.

마지막으로 적어도 다음 세 가지의 질문에 답을 찾으며 읽어야 합니다.

1. 어떤 종류의 책인가?
2. 전체적으로 무엇에 관해 이야기하고 있는가?
3. 주제에 대해 설명이나 주장을 어떤 방식으로, 어떤 구조로 전개하고 있는가?

살펴 읽기 1단계에서도 비슷한 질문을 했지만 2번이나 3번, 특히 3번 질문은 책을 전체적으로 읽어 보기 전에는 대답할 수가 없습니다. 예상은 할 수 있지만 확실하진 않습니다. 책의 주장이 어떤 구조, 어떤 방식으로 전개되는지, 사건의 전체적인 줄거리가 어떤지는 전체적으로 살펴 읽기를 해야 알 수 있습니다.

예전 습관대로라면 독서는 사실상 여기서 끝났을 거예요. 이 단계에서 다시 책을 읽는 경우는 드물지요. 만일 이해하기 쉬웠다면 뿌듯한 마음으로 독서를 마쳤을 것이고, 좀 어려웠다면 "책이 좀 어렵군, 내가 읽을 책은 아닌가 봐."라며 툭 집어던지고 잊어버렸을 것입니다. 또 너무나 어려웠다면 앞부분만 읽고 그만뒀겠지요. 그러나 우리가 배우고 있는 독서 기술에서 볼 때, 여기까지는 겨우 맛보기 코스에 불과합니다. 본격적인 메인 요리는 지금부터가 시작입니다.

입맛을 돋우는 방식은 책에 따라 달라집니다. 책의 종류에 따라 살

1604년에 출간된 『햄릿』의 4절판(종이를 두 번 접어 만든 크기의 책) 표지입니다. 1603년 출간된 초판본과 1623년에 나온 2절판(종이를 한 번, 또는 두 번 접어 만든 큰 판형)보다 책 길이가 더 길었다고 합니다.

펴 읽기 방식도 달라진다는 말이지요. 만일 소설이나 희곡이라면 굳이 살펴 읽기라고 부를 필요가 없을지 모르고, 오히려 첫 번째 독서라는 말이 더 어울릴 수 있습니다. **소설은 일단 재미있게 읽는 것이 중요**하기 때문입니다. 지나치게 공부하듯이 분석하면서 읽으면 그나마 있던 매력조차 느끼지 못합니다. 일단 몰입해 읽되, 잘 이해되지 않는 부분은 그냥 넘어갑니다. 서술자의 말을 따라 소설 속의 상황에 몰입해서 끝까지 읽는 것이지요. 희곡은 연기자가 된 것처럼 읽어 봅니다. 그 어렵다는 셰익스피어의 『햄릿』 역시 꽤나 재미있는 작품임을 알게 될 것입니다.

다만 자신의 어휘 수준에 맞는 작품을 골라야겠지요. 아무리 재미가 있어도 모르는 단어가 너무 많이 나오면 나도 모르게 포기하게 됩니다. 예를 들어 박완서의 『그 많던 싱아는 누가 다 먹었을까』는 매우 흥미로운 소설임에도 불구하고 초등학생들이 읽기엔 어휘와 배경지식이 좀 어렵습니다. 물론 상상력이 풍부한 독자들은 부족한 어휘력을 상상력으로 극복해 내기도 합니다. 좀 더 자세한 이야기는 '3장 소설 읽기'의 방법에서 따로 다루도록 하겠습니다.

지식을 전달하는 책들은 특히 살펴 읽기가 중요합니다. 지식을 다루는 책들을 처음부터 제대로 이해하면서 읽겠다고 덤비는 것은 아예 읽지 않겠다는 것과 같습니다. 흔히 과학교양서로 추천되고 있는 책들 가운데도 개념과 원리를 파고들다 보면 몇 장을 넘기지 못할 만큼 어려운 책들이 많습니다. 『페르마의 마지막 정리』나 『E=mc²』을 제대로 이해하면서 읽기란 쉽지 않지요. 앨빈 토플러의 『부의 미래』나 애덤 스미스의 『국부론』 같은 사회과학 서적도 결코 만만치 않아요. 완전히 이해하며 읽는다는 목표는 좀 더 세밀하게 읽는 '분석하며 읽기'에서 세우기로 하고, 여기서는 일단 처음부터 끝까지 이해할 수 있는 부분을 중심으로 읽어 중요한 핵심을 수확하는 것을 목표로 합니다.

세계사 관련 교과서나 교양서들은 전체적인 체계와 맥락을 파악하고 시대의 흐름과 중요한 사건들, 핵심적인 개념들에 익숙해지는 것 자체가 공부이기 때문에 일단 한 번 읽는 것이 중요합니다. 동서양의 고전 사상서들은 뛰어난 선생님에게 배울 필요가 있지만 그렇다고 혼자서 읽는 것이 불가능한 것은 아닙니다. 다만 자기 혼자 익힌 지식은 잠정적인 것이며 일시적인 깨달음에 지나지 않는다는 점을 항상 기억해야 합니다. 동서양 고전의 살펴 읽기는 분량이 어느 정도인

'페르마의 마지막 정리'란 1637년 피에르 드 페르마가 추측하고 1995년 앤드루 와일스가 증명한 수학 명제를 말하죠. 기네스북에 세계에서 가장 어려운 수학문제로 등재된 이 증명은 1997년 사이먼 싱에 의해 처음 책으로 출간됐어요. 국내 번역본(2005, 영림카디널)의 표지입니다.

'$E=mc^2$'이란 '모든 질량은 그에 상당하는 에너지를 가지고 그 역 또한 성립한다'라는 개념을 압축한 공식이에요. 1905년 아인슈타인의 논문에서 처음 발표된 내용이지요. 2000년 데이비드 보더니스가 쓴 이 책은 2005년 '생각의 나무'에서 번역 출간됐습니다.

지, 대략 어떤 체계로 쓰였는지, 어떤 말들이 나오는지 살필 수 있는 기회가 됩니다. 본격적으로 읽기 전에 어느 정도 감을 잡을 수 있게 해 주는 것이지요. 고전은 한 번이라도 끝까지 읽은 사람이 드문 만큼 살펴 읽기를 한다면 대단한 첫발을 디딘 셈입니다.

이 밖에도 책의 종류에 따라 살펴 읽기 방식은 조금씩 다르지만, 각 단계에서 질문에 답을 얻으면서 읽는 것은 꼭 해야 할 필수 사항입니다.

메모,
자신의 흔적을 남기는 법

똑똑한 메모 활용법

책을 읽을 때 메모는 왜 하는 것일까? 똑똑한 메모는 어떻게 하는 것일까?

책을 읽는 동안 하는 메모는 자신의 사고의 흔적을 남기는 수단이자 방법이다. 메모는 낙서와는 다르다. 메모는 책을 진지하게 읽는 방법이기도 하거니와, 책을 분석하는 날카로운 메스 역할을 한다. 메모는 책에 대한 집중력을 높여 자신이 미처 예상하지 못한 내용을 발견하게도 해 준다.

메모는 책에 해도 좋고, 따로 공책에 정리해도 좋다. 메모지를 활용하는 것은 물론이고 형광펜을 쓰는 것 역시 메모의 일종이다. 책을 깨끗이 보는 것을 중요하게 여기는 사람도 많지만 책을 진정 자신의 것으로 만들려면 책에 자신의 정신적 기록을 약간은 남기는 것이 좋다.

다산 정약용이나 연암 박지원 같은 뛰어난 학자들도 책에 메모하는 것을 중요하게 여겼다. 다산은 심지어 메모 없이 책을 읽으면 아무 소용이 없다며 메모를 강조했다. 기록을 하다 보면 새로운 질문이 떠오르고 잘 이해되지 않던 내용이 정리된다는 것이다. 생각날 때 적어 두지 않으면 아이디어는 산산이 흩어지고 말 것이다.

살펴 읽기 단계부터 메모하는 습관을

살펴 읽기 1단계에서는 책에 메모를 할 수 없으므로 따로 자신의 기록장에 간단히 정리한다. 살펴 읽기 2단계에서는 책에 메모하는 것이 편리하지만 불필요한 메모까지 너무 많이 하지 않도록 주의한다. 뭔가 의문이 들면 간단히 물음표(?)로 표시해 두거나 조그마한 포스트잇을 붙인 뒤 나중에 제대로 읽을 때 정리하는 것이 좋다. 전체적인 내용 파악이 너무 어려운 책이라면 장별로 요약한다. 이때 중요한 개념에는 동그라미(○)로 표시하고 중요 문장에는 간단히 밑줄(_)을 긋는다. 핵심을 요약하는 문장 또는 구절이 있으면 옆의 여백에 별(*) 표시 등을 한다.

꿰뚫어보고
비판하며 읽기

책을 체계적으로 파악하며 읽는 법, 잘 익히셨나요? 이제 분석하며 비판하는 단계에 도전해보세요. 요약하기, 핵심 개념 파악하기, 저자의 의도에 다가서고 비판하기 등 진정한 의미의 읽기 기술이 여러분을 기다리고 있습니다.

동학농민전쟁
論語

책을 분류한다

책 제목을 보고 분야를 파악한다

이제 우리는 읽기의 제3수준에 들어섰습니다. 기초적인 읽기와 살펴 읽기를 거쳐 분석하며 읽는 제3수준은 진정한 의미의 책읽기라고 할 수 있습니다. 이 과정을 제대로 배운다면 여러분은 수많은 스승을 두게 될 것입니다. 오늘날의 유명인사만이 아니라 이미 이 세상에 없는 뛰어난 인물들과도 대화를 나누게 될 뿐만 아니라 그들의 강연을 듣고 가르침을 배울 수 있게도 된답니다. 자, 기대를 품고 이 멋진 세계에 뛰어들어 볼까요.

먼저, 책의 분야를 알아야 합니다. 책을 분류한다는 것은 책이 어느 분야에 속하는지를 아는 것입니다. 소설과 시는 누구나 쉽게 구별할

『일리아스』는 기원전 850-750년경 호메로스가 썼습니다. 사진은 16권에 나오는 내용으로 아킬레스가 파트로클로스의 무사 귀환에 대해 제우스에게 감사하는 장면을 자수로 놓은 작품입니다. 400년 대에 만들어졌다고 해요.

수 있지만 모든 책이 그처럼 쉽게 구별되는 것은 아닙니다. 예를 들어 그리스 로마 신화로 알려진 『일리아스』는 과연 소설일까요, 신화일까요, 아니면 희곡일까요? 그냥 이야기일까요? 혹시 만화는 아닐까요? 여러 가지 대답이 들리네요.

　놀랍지만 『일리아스』는 시입니다. 『일리아스』라는 책을 당장 집어 들어 보세요. 앞표지 아니면 뒤표지에 분명 '호메로스의 서사시'라고 쓰여 있을 것입니다. 시에는 서정시, 서사시, 극시가 있다는 것을 들어 보았을 것입니다. 여기서 처음 듣는 사람도 있겠지요. 시의 종류에는 동시와 자유시, 시조 정도만 있다고 배웠을 수도 있으니까요. 어찌 됐건 시의 종류는 많고 그중에서 『일리아스』는 서사시에 속합니다.

그럼 시는 소설과 다르게 읽어야 할까요? 당연히 그렇습니다. 『일리아스』는 시이기 때문에 소설과 읽는 방법이 좀 달라야 합니다. 어떻게 다르게 읽는가는 제3장에서 자세히 설명하겠습니다. 마땅히 시로 읽어야 할 것을 소설처럼 읽으면 그 의미를 제대로 알 수 없습니다. 아이스크림을 따뜻하게 데워 먹을 수 없는 것처럼 말이지요.

그럼 책의 분야는 어떻게 알 수 있을까요? 우선, 제목과 표지에 주의를 기울여 봅니다. 다음으로, 목차와 찾아보기를 살피고 머리말이나 본문에 나오는 저자의 말에 귀를 기울입니다. 그러면 책의 분야를 파악해 책을 분류할 수 있습니다.

여러분은 대부분 『삼국유사』를 알고 있을 것입니다. 고려시대 어떤 스님이 쓴 역사책이라고 배웠겠지요. 그럼 『삼국유사』는 과연 어떤 분야에 속할까요? 제목만 보면 역사책 같은 느낌이 물씬 풍깁니다. 삼국이라는 것은 고구려, 백제, 신라를 의미하는 것 같고……, 그럼 '유사'란 무엇일까요? 한자를 모르면 정확한 뜻을 알 수가 없어요.

『삼국사기』는 어떤가요? 삼국에서 무슨 사기 사건이라도 났느냐고 우스갯소리를 할만도 합니다. 중국의 유명한 역사책으로, 사마천이 쓴 『사기』라는 책을 아는 사람은 아마도 『삼국사기』와의 연관성을 짐작해 볼 것입니다. 한편 『삼국사기』의 '사'는 역사 사(史)인데, 『삼국유사』의 '사'는 일 사(事)입니다. 대체 무슨 차이가 있는 것일까요?

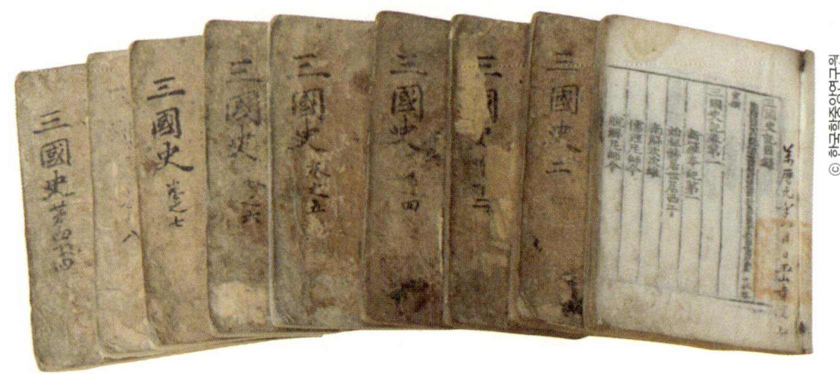

1145년경 고려 인종의 명을 받아 김부식 등이 편찬한 『삼국사기』의 표지와 본문입니다. 초판은 지금 남아 있지 않고, 13세기 후반에 만들어진 2판 성암본 일부가 일본 궁내청에 소장돼 있어요. 3판은 1394년(태조 3)에, 4판은 1512년(중종 7)에 발행됐는데, 위 사진은 4판 중 하나로 옥산서원에 소장돼 있는 거예요. 조선시대 마지막 판본은 1760년(영조 36)에 발행됐는데 현재 러시아과학원 동방연구소 상트페테르부르크지부 도서관에 소장돼 있습니다.

『삼국사기』는 중국의 사마천이 쓴 『사기』의 형식을 본떠서 우리나라의 역사를 기록한 책입니다. 그래서 두 책의 '사기(史記)'의 한자도 같습니다. 두 책 다 내용은 지배층인 왕과 귀족을 중심으로 나라의 흥망 과정을 시대 순서로 정리하고, 중요 인물들에 대한 간략한 소개를 '열전'이라는 형식으로 모아 놓은 것입니다.

이와 달리 『삼국유사』는 역사를 시대 순서에 따라 배열하지 않고 정통 역사서에서 빠진 이야기를 모아 놓았습니다. **'유사(遺事)'라는 말은 '예부터 전해 오는 이야기, 후세에 남길 만한 일'**이라고 해석할 수 있습니다. 그래서 『삼국유사』에는 『삼국사기』에 나오지 않는 신화적인 이야기, 전설, 황당한 기록들이 많습니다. 그러다 보니 『삼국유사』

는 역사서인지 신화집인지 전설인지 민담인지, 아니면 불교 기록물인지 분류하기가 애매합니다.

『삼국사기』와 『삼국유사』는 서로 분야가 다른 만큼 읽는 방법도 달라야 합니다. 두 책을 읽을 때 무엇을 중요하게 볼지가 다르기 때문이지요. 『삼국사기』는 시대 순서로 나라의 흥망의 원인을 짚어 보는 것이 핵심이고, 『삼국유사』는 진기한 사건과 이야기들을 통해 우리 역사의 자긍심을 높이는 방향에 초점을 두어야 합니다.

저자의 의도로 책의 성격을 짐작한다

또 다른 예로 『백범일지』라는 책을 볼까 합니다. 잘 아시다시피 '백범'은 김구 선생의 호이지요. 그럼 '일지'는 무슨 뜻일까요? 일기라는 뜻일까요? 여기서 **일지는 한자로 달아날 일(逸)과 뜻 지(志)를 써서 숨겨진 이야기, 잘 알려지지 않은 이야기**를 의미합니다. 매일 매일의 일을 기록한 '일지(日誌)'가 아닙니다. 따라서 『백범일지』는 백범이 어려서부터 날마다 쓴 일기가 아니라 남들에게 잘 알려져 있지 않은 이야기, 독립운동의 숨겨진 이야기를 기록한 책을 뜻합니다.

책의 분야를 알았으면, 이제 머리말과 목차를 살펴봅니다. 머리말이라 할 수 있는 출간사에는 백범이 책을 쓴 의도가 잘 나타나 있습니다. 책을 상권과 하권으로 나눈 이유와 글을 쓴 시기가 나와 있고, 당시의 상황과 집필의 어려운 처지까지 자세히 밝히고 있습니다. 출간사를 읽어 보면 상권은 두 아들에게 주는 유서이고, 하권은 동포들에게 남기고 싶은 이야기임을 알게 됩니다. 마지막에 덧붙인 '나의 소원'은 민족에게 남기고 싶은 백범의 철학임을 알게 됩니다. 이런 저자의 의도를 파악한 뒤 목차를 살펴보면 『백범일지』는 김구 자신의 인생 기록이자 독립운동에 대한 기록이며, 동시에 자식에게 들려주고 싶은 아버지의 음성임을 알 수 있습니다.

이처럼 책 전체를 파악하는 것 역시 책을 분류하는 과정에 들어갑니다. 저자 자신의 어려운 시절을 고백하는 수기 성격임을 파악하고 이 책을 읽으면 당시의 상황과 저자의 감정에 더 집중하게 됩니다. 더불어 독립운동에 대한 역사적 기록이라는 측면도 생각하게 됩니다. 더군다나 언제 독립이 될지, 언제 죽을지 모르는 암울한 상황에서 가장 소중한 것을 자식들에게 전해 주려는 아버지의 간절함까지 읽게 됩니다. 『백범일지』를 잘 읽는 방법은 최대한 백범의 입장이 되어 똑같은 상황을 상상하고, 똑같은 생각과 행동을 해 보는 것입니다. 저자의 입장과 완전히 하나가 되어 읽는 것이 먼저이고, 객관적인 평가는 나중에 하는 것이 이런 종류의 책을 읽는 방법입니다.

책을 분류하고 책에 대해 파악했으니 이제 제대로 읽을 준비가 되었습니다. 인간으로서 백범이나, 그의 정치철학이 완벽한 것은 아닙니다. 더군다나 그의 기록이 완전히 사실에 부합하는 것도 아닙니다. 하지만 자서전이자 유언인 이런 책은 일단 **저자의 입장에 서서 시대를 바라보는 것**이 우선입니다. 저자의 감정과 사고를 충분히 느끼고

난 뒤, 사실 관계를 추적하고 적절히 비판하는 것이 자서전을 존중하는 태도입니다. 만일 처음부터 사실 관계를 따지고 비판적인 자세로 독서에 임하면 저자의 입장에 공감하기가 매우 어렵습니다. 그렇지 않아도 낯설고 어려운 책을 과연 끝까지 읽을 수 있을까요?

책은 왜 분류하는 것인가?

책을 분류하는 기준은 목적에 따라, 개인의 성향에 따라 조금 달라집니다. 보통은 크게 문학과 비문학으로 구분합니다. 시나 소설 같은 문학서적과 그 밖의 모든 책들로 나누는 것이지요. 비문학이란 학교에서 흔히 설명문과 논설문 등으로 불리는 글을 가리킵니다. 또 영역별로도 책을 나눕니다. 다시 말해 과학, 역사, 철학, 경제 등으로 분야를 구분하는 것이지요. 이렇게 영역별로 나누면 책에 따라 미리 읽을 방향을 잡을 수 있어서 편리합니다.

책의 분류는 왜 강조하는 것일까요? 저자의 의도를 최대한 존중하기 위함입니다. 저자의 의도에 맞추어 책을 읽을 때 비로소 독서의 유익함을 온전히 누릴 수 있기 때문이지요. 저자의 의도 따위는 상관없이 독자 입장에서만 책을 읽는 태도는 물고기를 잡으러 산을 오르는 것과 크게 다르지 않답니다.

익함을 온전히 누릴 수 있기 때문이지요. 저자의 의도 따위는 상관없
이 독자 입장에서만 책을 읽는 태도는 물고기를 잡으러 산을 오르는

6

책을 꿰뚫어본다

가장 중요한 내용 요약은 어떻게?

책을 분류하는 목적 가운데 하나는 책이 다루는 주제와 방식을 정확히 파악하려는 데 있습니다. 그 책이 어떤 분야인지 알면 주제를 다루는 방식도 알아내기 쉽습니다. 예를 들어 똑같이 '사랑'을 주제로 하는 책이라 해도 분야가 심리학인지, 소설인지, 수필인지에 따라 이야기를 풀어 가는 방식은 저마다 다르기 마련이지요.

우리는 여기서 책이 어떤 주제를 어떻게 다루고 있는지 한눈에 꿰뚫어보는 법을 배울 것입니다. 우선 책 전체를 정리하는 간단한 문장을 만들고, 다음으로 전체 내용을 세부적으로 일목요연하게 요약 정리합니다. 그러고 나서 그런 결론을 이끈 배경, 즉 저자가 이 책을 쓰게 된 문제의식을 질문의 형태로 만들어 봅니다.

책 전체를 간단하게 몇 문장으로 정리하면 책 전체를 꿰뚫어보기가 쉽습니다. 너무 길거나 너무 짧지 않도록 쓰는 이런 훈련은 책의 내용을 통일적으로 파악하고 있는지 점검하기에도 좋습니다.

책의 구조를 세부적으로 요약 정리하는 까닭은 무엇일까요? 전체 내용을 제대로 이해하고 있는지 점검하기 위함입니다. 사실 짧은 몇 문장으로 책을 정리했다고 해서 내용을 다 안다고 확신할 수는 없습니다. 대강의 내용은 파악했지만 전체적인 짜임새에 따라 설명할 수 없다면 제대로 알고 있는 것이 아니지요. 수학 문제의 답은 맞혔지만 그 공식을 증명할 수 없다면 어떨까요?

대충 짐작으로 책 내용을 파악하는 것은 우리의 목표가 아닙니다. 독해 능력과 이해 능력을 저자의 수준으로 끌어올리는 것이 진짜 목표이지요. 이때 효과적인 훈련이 바로 **체계적인 요약 정리**입니다. 문제는 요약을 어느 정도 수준으로 하느냐에 있습니다. 요약은 목차에 따라 상세하게 할수록 좋습니다. 짧은 몇 문장으로 책을 정리하기 위해서는 우선 세부적인 내용 요약이 치밀하게 이루어져야 합니다. 책이 그다지 어렵지 않다면 대강 장별로 요약해도 괜찮지만, 어려운 책이라면 장별, 소제목별, 문단별로 번호를 붙여 가면서 상세하게 정리하는 것이 좋습니다.

"그러다가 책 한 권 읽는 데 몇 년씩 걸리면 어쩌지?"라는 의문이 들지도 모릅니다. 그러나 실제로 200쪽짜리 책을 매일 한 시간씩 그런 식으로 읽는 데는 한 달이 채 걸리지 않습니다. 물론 이것도 긴 시간이겠지만 불가능한 일은 아니라는 뜻입니다. 그리고 원칙이 이렇다는 것이지 반드시 구구절절 요약할 필요는 없습니다.

책 전체를 세부적으로 요약 정리하면서 읽은 뒤 한두 문장으로 요약했다면 저자가 했음직한 질문을 저절로 알아차리게 됩니다. 책의 내용은 결국 어떤 질문으로 모아집니다. **책을 통해서 저자가 말하려고 했던 것, 해결하려고 했던 질문**으로 말이지요.

이것이 '분석하며 읽기'의 첫 번째 단계입니다. 저자의 질문을 알아내고 책의 내용을 자세히 요약하면서 그 답을 찾았다면 여러분은 이 단계를 무사히 해낸 것이고 정말 대단한 독자라 할 수 있습니다.

> **요약 정리의 요령**
> - 목차에 따라 상세히 한다.
> - 어려운 책이라면 장별, 소제목별, 문단별로 꼼꼼히 요약한다.
> - 저자가 했음직한 질문과 답변을 찾아낸다.

충분한 시간을 들여 꼼꼼히 읽는다

이처럼 꼼꼼히 요약 정리하면서 읽기에 가장 적합한 분야는 현상을 분석하는 과학이나 사회 관련 교양서입니다. 철학이나 역사서도 이런 읽기에 적합합니다. 근본적으로는 소설이나 시도 이런 식으로 읽어야 하지만 방식이 좀 다릅니다. 그러나 많은 지식이 들어 있는 교과서적인 글은 꼼꼼히 요약 정리하며 읽기엔 다소 무리이고, 다만 중심내용을 정리하는 수준으로 적용해 볼 순 있겠지요.

요컨대, 분석하며 읽기는 중심 생각이 명백히 존재하는 책을 읽을 때 가장 효과적입니다. 대체로 청소년 대상의 논술 교양서, 고전 해설서가 이에 해당합니다.

분석하며 읽기의 제1단계를 연습하기에 적당한 책으로 너머학교의 '열린교실' 시리즈를 추천합니다. 살펴 읽기에서 이미 요약하는 연습을 충분히 했다면 이번 과제는 쉽게 넘어갈 수 있겠지요. 분석하며 읽기의 첫 번째 단계는 살펴 읽기보다 좀 더 꼼꼼하게 읽는 것입니다.

자, 그럼 너머학교 '열린교실' 시리즈 가운데 『생각한다는 것』을 분석하며 읽어 볼까요? (다른 책도 괜찮습니다.)

1. 책 전체의 주제를 한두 문장으로 정리해 보면?

2. 책의 구조를 세부적으로 정리해 보면?

➡

(공간이 모자라면 다른 공책에 정리해 봅니다.)

3. 저자가 책에서 해결하려 했던 문제는 무엇인가?

➡

2010년 발행된 『생각한다는 것』(너머학교)은 젊은 철학자 고병권 선생님이 들려주는 '철학하며 산다는 것'에 관한 이야기예요. 삶의 본질과 행복, 사유, 자유, 우정 등 철학에 대한 새로운 생각을 보여주는 책이랍니다.

살펴 읽기와는 어떻게 다를까요? 두 가지 측면에서 생각해 볼 수 있는데, 먼저 시간입니다. 살펴 읽기는 제한된 시간 내에 최대한 효율적으로 책을 읽는 것이지요. 그러나 **분석하며 읽기에서는 시간제한을 두지 않습니다.** 책을 자기 것으로 만들 때까지 시간이 걸리더라도 차분히 꼭꼭 씹어서 소화해야 합니다.

두 번째로 정리의 양이 다릅니다. 살펴 읽기는 책의 표면을 간단히 정리하는 정도로 요약하는 데 그칩니다. 그러나 분석하며 읽기는 책의 내용을 구조적으로 파악하면서 저자의 문제의식까지 짚어 내야 하기 때문에 어쩔 수 없이 정리하는 내용이 많아집니다. 경우에 따라서는 아주 짧게 몇 줄로 정리할 수도 있겠지만 보통은 A4용지로 2~3장, 많으면 10장이 될 수도 있습니다.

저자가 수년 동안 연구한 성과물을 단 며칠, 또는 몇 시간 만에 자신의 것으로 만들려는 시도는 어쩌면 무모한 일일 수도 있습니다. 어려운 책을 이해하는 데 그 정도 노력은 당연하고 또 불가피한 일이지 않을까요? 자, 힘을 내세요!

7

저자와 타협을 한다

개념과 주장을 재구성하고 확인한다

보통의 독자는 한 번 책을 읽으면 그 책은 다시 읽지 않습니다. 시험 대비용을 제외하고 대개 책은 한 번 읽는 것으로 그칩니다. 그러나 이 책의 독자인 여러분은 지금까지 어떻게 했나요? 처음부터 끝까지 한 번 살펴 읽었고, 내용을 요약하면서 분석하며 읽기를 하고 있으니 최소한 두 번은 읽는 셈이지요. 그러나 아직도 끝난 것이 아닙니다.

그렇습니다. 아직도 더 읽을 것이 있습니다. 다음의 질문에 명쾌하게 대답하지 못하는 독자라면 적어도 한 번은 더 읽어야 합니다.

요컨대 **"저자가 해명하려고 했던 문제가 과연 제대로 설명되었나? 혹시 해명하지 못하고 남은 과제는 없는가?"**라는 질문을 해 봅니다. 다시 말해서 분석하며 읽기 제1단계에서 제기되었던 저자의 질문에 대해 책이 제대로 답변했는지, 미해결된 과제는 없는지 밝힐 수 있느냐는 것입니다. 이런 질문에 충분히 대답할 수 있다면 분석하며 읽기의 제2단계가 이미 끝났다고 봐도 됩니다. 일단 다음 사항을 점검해 봅니다.

먼저, 저자가 사용하는 핵심 개념을 정확하게 짚어 냈나요? 개념이란 것은 기존 것과는 다르게 흔히 저자의 말로 새롭게 정의되는 경우가 많습니다. 따라서 독자는 저자가 설명하는 방식에 따라 용어를 정의한 뒤 자신의 말로 풀어서 설명할 수 있어야 합니다. 그리고 그 핵심 개념을 사용해 예를 들거나 비유적으로 다시 설명할 수 있어야지요. 그럴 수 없다면 저자의 핵심 개념을 이해했다고 볼 수 없습니다.

두 번째로, 저자의 핵심 주장을 문장으로 정리할 수 있나요? 앞서 살펴본 개념들이 잘 통합돼 하나의 주장을 이룰 수 있어야 합니다.

세 번째로, 핵심 주장을 뒷받침할 논증을 재구성할 수 있나요? 반드시 책의 구성 순서를 따를 필요는 없습니다. 논증의 내적 흐름만 잘 따르면 됩니다. 만일 여러분이 책을 제대로 읽었다면 충분히 재구성할 수 있을 것입니다.

끝으로, 저자는 이 책에서 자신의 문제의식을 충분히 드러냈고 그에 대한 해답도 제시했나요? 만일 해결하지 못한 문제가 있다면 저자가 이를 알고 있는지 모르고 넘어갔는지 살펴보아야 합니다.

어떤가요? 쉬운 줄 알았는데 대답하기가 좀 어려운가요? 어려운 것이 당연합니다. 어려운 책을 자기 힘으로 독파하는 실력을 기르는 과정이 결코 쉬운 건 아니지요. 그러나 이런 난관을 이겨 내야만 우리 앞에 인류의 보물 창고가 열리고, 우리의 사고력 또한 성장하게 됩니다. 좀 어렵더라도 여기에서 말하는 방법대로 따라해 보세요. 꼭 그대로 하라는 것은 아닙니다. 이런 원칙에 따르려고 하는 것 자체가 중요하니까요.

단어를 넘어 문맥을 읽다

먼저 단어에 대해 좀 더 깊게 생각해 봐야 합니다. 우리가 책을 펼쳤을 때 어려움을 느끼는 이유는 무엇일까요? 대체로 단어가 낯설고 어려워서입니다. 옛날 말투거나 어려운 한자어, 혹은 잘 모르는 단어 때문에 책이 어렵게 느껴집니다. 그런 문제는 사전을 찾아 가면서 읽으면 대부분 해결되지만, 모르는 단어가 너무 많다면 어떻게 할까요? 그런 경우라면 독서를 다음 기회로 미루든지, 아니면 외국어를 공부하듯 일일이 사전을 찾아 읽어야 합니다. 그것은 여러분의 선택입니다.

대부분 아는 말인데도 이해하기 어려운 책이 있습니다. 책에서 저자가 친절하게 설명해 주는데도 잘 이해가 안 됩니다. 그런 책은 어떻게 읽어야 할까요? 겉으로는 아는 말인 것 같지만 **문맥적 의미를 모르기 때문에 어렵게 느껴질 수 있습니다.** 이 책을 예로 들어 봅시다. '살펴 읽기'라는 말은 어떤가요? 그 문맥적 의미를 정확히 이해했다고 생각하나요? 이 말은 보통의 의미와는 달리 독서의 한 단계를 가리키는 용어입니다.

이처럼 저자가 사용한 단어는 독자가 알던 그 단어가 아닐 수도 있습니다. 사실 많은 책들이 우리가 기존에 알던 것과 다른 개념으로 단어를 사용하곤 합니다. 과거에는 벽의 재료였던 벽돌을 가지고 이젠 책꽂이를 만드는 것처럼 말이지요. 저자만의 화법과 용법을 파악하고 용어의 의미에 대해 저자와 합의할 필요가 있는 것입니다.

앞서 예를 들었던 『생각한다는 것』은 철학에 관한 책입니다. 철학은 흔히 도덕, 아니면 어렵고도 생소한 말들로 이루어진 사상서라고 생각합니다. 하지만 『생각한다는 것』의 저자는 철학을 잘 사는 방법, 또는 다르게 생각하기라고 말합니다. 이처럼 **말에 다른 느낌 주기, 말을 좀 다르게 사용하기**는 많은 사상가들의 오랜 관행입니다. 특히 새로운 사상서, 철학책을 읽을 때 독자들은 익숙한 언어 습관을 벗어나 열린 마음으로 저자의 말을 이해하려는 자세가 중요합니다.

그런 경우 단어의 뜻을 사전에서 찾는 것은 그다지 효과적이지 않습니다. 사실 철학이라는 단어만 해도 철학자들마다 다 다른 의미로 사용합니다. 사전에 나온 뜻은 그야말로 사전적인 의미일 뿐이지요. 그럼 어떻게 할까요? 방법은 책을 꼼꼼히 집중해서 읽는 것뿐입니다. 책의 앞뒤를 잘 읽다 보면 책 속에서 뜻을 찾아낼 수 있습니다. 친절한 저자라면 분명 자신만의 개념을 설명해 줄 것입니다.

그럼, 『생각한다는 것』에서 저자는 **생각한다는 것, 행복, 공부, 철학**

의 의미를 어떻게 정의하고 있는지 찾아 써 볼까요?

생각한다는 것 :

행복 :

공부 :

철학 :

그러나 친절한 저자라 해도 핵심 개념이 아닌 말은 자세한 설명을 종종 빠트리곤 합니다. 책의 배경이 되는 시대에는 그 개념이 널리 통용되었지만 요즘은 다소 낯선 말일 수도 있습니다. 그런 말들은 아쉽게도 책에서 해결하기 힘들고, 그 분야의 해설서를 참고하거나 그 시대에 대해 따로 공부해야 할지도 모릅니다. 예를 들어 아리스토텔레스가 '인간'에 대해 말했을 때 노예는 인간에 포함되지 않습니다. 노예를 그저 하나의 재산으로 여겼던 시대이니까요.

때로는 같은 말이 정반대의 뜻으로 쓰이기도 합니다. 고대의 유명한 철학자 에피쿠로스는 '쾌락'을 행복으로 보았는데, 그가 말하는 쾌락은 우리가 알고 있는 쾌락과는 전혀 달랐습니다. 우리가 흔히 알고 있는 육체적 즐거움은 그에게는 진정한 의미의 쾌락이 아니었답니다. 그에게 쾌락은 고통이 없는 상태를 의미하는데, 이런 의미에서 고통을 초래할 수 있는 육체적 쾌락은 진정한 쾌락이 될 수 없었지요.

예를 들어 먹는 것은 즐겁지만 지나치게 많이 먹는 것은 괴롭습니다. 또 맛있는 것을 먹는 것은 매우 즐거운 일이지만 대체로 그런 음식은 비쌉니다. 가난 때문에 먹지 못한다면 아예 그런 음식을 알지 못한 것보다 더 비참하고 고통스러워질 수 있습니다. 진정한 쾌락은 간신히 배를 채울 수 있는 정도의 간단한 식사와 겨우 비를 가릴 정도의 검소한 생활에서 오는 것입니다. 도둑맞을까 봐 두려워할 필요도 없고 없어질까 봐 걱정할 필요도 없어서 마음이 평온한 상태가 진정한 쾌락인 셈이지요.

에피쿠로스의 쾌락의 정의는 우리의 상식을 벗어납니다. 하지만 저자가 그렇게 정의했다면 우리는 일단 그것을 받아들여야 합니다. 그래야 저자가 하고 싶은 말이 무엇인지 알 수 있으니까요. 이런 일은 사상서뿐 아니라 시나 소설에서도 빈번히 일어납니다. 『어린왕자』에서 여우가 어린왕자에게 했던 말 '길들인다는 것'은 사전적 의미의 길들임이 아닙니다. 사전적 의미의 길들임이라면 어떻게 여우가 보리밭에서 어린왕자의 웃음소리를 들을 수 있겠습니까? 그리고 비행기 조종사는 어떻게 하늘에서 쏟아져 내리는 종소리를 들을 수 있겠습니까?

저자는 무엇을 말하고 있는가

핵심을 읽고 명제를 찾아내다

앞서 우리는 단어에 대해 깊이 생각해 보았습니다. 여기서 단어는 단지 말이 아니라 책 전체를 이끌어 가는 아주 중요한 씨앗에 해당하는 개념을 말합니다. 이 개념이 싹이 터서 뿌리를 내리고 줄기를 뻗으려면 문장의 단계로 넘어가야 합니다. 핵심 개념은 반드시 다른 주변 개념으로 가지를 쳐서 문장을 만듭니다. 따라서 핵심 개념을 잡았다면 그 개념과 연관된 명제를 찾아야 합니다. 눈에 보이는 문장과 글 속에 담긴 명제를 구별하라는 말입니다. 문단은 낱낱의 문장으로 이루어져 있습니다. **문장에 담긴 속뜻을 찾아내는 것을 명제를 찾아낸다고 합니다.**

먼저 중요한 문장을 찾아야 합니다. 중요한 문장은 문단의 앞이나 뒤에 제시되는 경우가 많습니다. 체계적인 글은 특히 중심 문장을 선명히 제시합니다. 그러나 어렵다고 소문난 책은 어려운 문장이 중심 문장인 경우가 많습니다. 또 문단의 중심 내용을 찾는 것뿐 아니라 책을 이해하는 데도, 쉬운 문장보다는 뭔가 어렵게 느껴지는 문장에 단서가 있을 때가 많습니다. 저자가 정말 하고 싶은 말이 어려운 문장을 통해서 나타나는 것이지요. 그런 문장을 대충 지나치지 않도록 주의하세요.

앞서 살펴 읽기의 원칙은 어땠나요? 모르는 것은 모르는 대로 지나치고 아는 것에 집중하라고 했지요. 그러나 지금은 모르는 것에 주의를 기울이고 그것이 중요한 문장일 경우는 꼼꼼히 생각하면서 읽어야 합니다. **어려운 책을 읽을 때는 반드시 어려운 부분에 표시를 해 가면서 읽어야** 합니다. 기왕이면 공책에 정리하면서 읽는 것이 더 좋지요. 특히 중요한 문장에 들어 있는 중요한 명제를 찾아서 정리해야 합니다.

특히 복잡한 문장들은 하나가 아닌 여러 개의 명제를 포함하고 있기 때문에 그 각각을 분석해 내는 것이 중요합니다. 각각의 명제들을 하나씩 찾아내어 정리하면 복잡한 문장의 복잡한 내용을 명쾌하게 이해할 수 있습니다. 이때 저자의 말을 그대로 옮기지 말고 자신이 이해한 다른 말로 바꾸어서 정리해 보세요. 완벽히 이해했다면 충분히 그럴 수 있습니다. 이는 수학 공식을 증명하는 것과도 비슷합니다. 간단한 공식 안에는 수많은 논리가 숨어 있고, 명제를 찾아내는 일은 그런 숨어 있는 논리를 찾아내는 것과 같습니다.

명제를 제대로 찾고 제대로 이해했는지 스스로 점검할 방법은 없을까요? **자신이 찾은 명제를 다른 말로 바꿔 보면 됩니다.** 다른 말로 바꿀 수 없다면 제대로 안다고 말하기 힘듭니다. 예를 들어 외국어를 번역한다고 해 봅시다. "He watches the house."를 "그는 그 하우스를 워치한다."고 번역하면 될까요? 혹은 "그는 그 집을 본다."고 하면 될까요? 그냥 슬쩍 본 것인지 자세히 들여다본 것인지 묻는다면 대답할 수 있을까요? 저자의 글을 이해했다면 이런 미묘한 차이도 이해할 수 있습니다.

다른 말로 바꾸기 어렵다면 다르게 설명해 보는 것도 방법입니다. 원래 명제보다 좀 더 길고 자세히 설명하는 것도 좋고, 비유나 예를 들어 설명하는 것도 좋습니다. 또 그 명제가 자신과 어떤 연관이 있는지, 명제의 내용을 직접 체험한 적이 있는지 생각해 보고 직접 말로 설명해도 좋습니다. 다음 글을 읽고 명제를 정리해 보세요.

보기 1

자유는 평등을 전제로 했을 때 모두에게 진정한 자유를 가져다준다. 흔히 자유는 자신의 의사대로 마음대로 행동할 수 있는 권리를 말한다. 자유롭다는 것은 다른 사람의 의사에 따라 자신의 신념이나 행동을 구속당하지 않고 스스로 결정하고 행동하는 것이다. 모든 인간은 자유를 원한다. 사춘기를 겪는 청소년은 말할 것도 없고 어린아이조차 부모가 자신의 뜻을 따라 주기를 원하지 않는가? 아이들도 자기 마음에 드는 장난감을 선택할 권리가 있다. 여러분도 동의하는가? 모든 사람이 동의하는 것 같지만 현실은 그렇게 만만하지 않다. 아이들도 자신이 원하는 장난감을 선택하기 위해서는 돈이 있어야 한다는 것을 안다. 그리고 부모가 자신들의 의견을 따라 줘야 한다는 것을 안다. 결국 경제와 존중의 문제이다. 약자의 입장에서 자유롭기 위해서는 최소한의 경제력을 갖추는 것과 정당한 한 인간으로서 인격적 대우를 받는 것이 필요하다. 원하는 장난감을 살 수 있는 최소한의 경제력과 아이라도 자신의 선택을 존중받을 수 있는 인권, 이것을 누구나 누리게 하는 것이 바로 '평등'의 문제이다. 그러니 자유를 위해서는 기본적인 평등이 필요하다.

➡ 중심 명제

- -

- -

위의 글은 중심 문장과 내용이 비교적 뚜렷합니다. 글 곳곳에서 "자유는 평등을 전제로 한다."는 중심 명제를 선명히 드러내고 있습니다. 그러나 세부적으로 살펴보면 그리 단순한 내용은 아닙니다. 자유를 어떻게 말하고 있는가, 평등은 이렇게 정의되고 있는가, 자유와 평등의 관계는 어떻게 말하고 있는가 등을 분석해 봐야 합니다.

사람들은 누구나 마음대로 살기를 원한다. 각자 자신이 하고 싶은 대로 사는 것을 소망한다. 사춘기 아이들은 부모나 어른들의 간섭에서 벗어나는 것을 소망하고 직장인들은 회사에서 나와 자신의 회사를 갖는 것을 소망한다. 하지만 모두가 자유를 원한다고 해서 모든 것을 다 마음대로 할 수 있는 것은 아니다. 마음대로 해서도 안 된다. 가상세계에서는 능력자로서 괴물들을 무찌를 수 있겠지만 현실에서는 아무리 악한 사람에게도 마음대로 폭력을 휘둘러서는 안 된다. 자신이 원한다고 길거리에서 마음대로 벗고 다닐 수도 없다. 자기가 불편하다고 아무데서나 도로를 불법으로 건너서도 안 된다. 이렇게 해서는 안 되는 일이 많다. 그 바탕을 살펴보면 자신의 권리만이 아니라 타인의 권리를 인정하라는 요구를 만나게 된다. 자신의 권리가 소중하다면 다른 사람의 권리도 인정할 수 있어야 한다. 자신의 권리를 주장할 때, 다른 사람의 권리를 침해하는지 공정하게 살펴보아야 한다. 그래야 자신도 다른 사람에 의해 권리를 침해당하지 않을 수 있기 때문이다. 결국 모든 사람이 각자의 권리를 다른 사람에게 해를 끼치지 않으면서 공평하게 누리는 것이 필요하다.

보기 2의 내용에서 중심 문장은 무엇일까요? 아마도 마지막 문장이 아닐까요? "모두 각자의 권리를 남에게 해 끼치지 않는 범위에서 공평하게 누리자."는 것이 중심 문장이자 중심 내용일 것입니다.

그러나 다르게 분석할 수도 있습니다. 권리를 특히 자유에 집중시켜 "모든 사람이 자유롭게 살고 싶어 하지만 결국 다른 사람에게 해를 끼치지 않는 범위 내에서 자유롭게 행동해야 한다."는 말로 정리할 수도 있습니다. 좀 더 짧게 줄여, "자유는 평등을 훼손시키지 않는 범위로 제한되어야 한다."를 중심 명제로 삼을 수 있습니다. 그리고 그 바탕에는 "자유는 절대적 가치가 아닌 상대적 가치이다. 맹목적 자유보다 타인과의 관계를 고려한 평등이 전제되어야 한다."는 내용이 깔려 있습니다. 이 의견이 옳은지 그른지 따지기 전에 먼저 이런 명제가 포함돼 있다는 것을 정확히 파악하는 것이 필요합니다. 그런 다음 다른 말로 바꾸어 보고, 다른 예를 들어 보면 자신이 얼마나 잘 분석했는지 스스로 판단할 수 있습니다.

명제 논증하기, 논증 찾아내기

자, 명제를 어느 정도 분석해 냈으면 이제 논증을 검토해 봅니다. 사람들은 어떤 주장을 펴든 논리적으로 의견을 제시해 설득력을 얻으려고 합니다. 이런 **논리적 의견을 논증**이라 합니다. 논증을 제시하는 방법은 크게 연역과 귀납이 있습니다. 엄밀한 논증은 아니나 유추를 사용해 설득력을 높이려는 경우도 있습니다. 만일 잘못된 논리를 구사하고 있다면 독자는 이를 파악할 수 있어야 합니다. 뛰어난 저자일수록 논리적 오류가 거의 없지만 저자도 사람인지라 오류가 있을 수 있습니다. 특히 특정 독자를 설득하려는 글은 의도적으로 글의 약점을 가리기도 하므로 정신을 바짝 차리고 읽어야 합니다.

연역적 논증이란 먼저 일반적인 원리를 말하고 구체적 사례에 적용하는 방식입니다. 원칙을 항상 먼저 말하고 사례에 어떻게 적용되는지는 다음에 보여 줍니다. 연역적 논증은 특히 수학에서 많이 사용합니다. 일단 공식을 설명하고 이를 하나씩 증명해 가는 방식이지요. 연역적 논증은 강한 설득력을 지닌다는 장점이 있는 반면 그 전제가 되는 원리, 즉 일반적 원칙이 먼저 증명되어야 하는 문제점이 있습니다.

귀납적 논증은 다양한 사례를 먼저 보여 주고 거기서 일반적 원리를 찾아내는 방식입니다. 특히 과학에서 많이 사용되는데, 어떤 주장의 보편성을 구체적 사례를 통해서 논증하는 것을 말합니다. 귀납 논증은 우리가 감각을 통해 체험할 수 있는 실제 증거들을 바탕으로 일반 원리를 제시하기 때문에 설득력이 높습니다. 하지만 그 논리가 지금까지의 사례에는 맞지만 영원히 그러리라는 보장은 없기 때문에 분명 한계가 있습니다.

유추는 비유적 설명입니다. 비유는 비슷한 것을 들어서 설명하는 것이기 때문에 논증이라고 하기에는 어렵습니다. 다만 유추는 참신한 느낌과 더불어 전혀 새로운 각도의 생각을 일으킵니다. 예를 들어 "물처럼 부드러운 것이 돌도 뚫을 수 있다."는 표현은 "부드러운 것이 강한 것을 이긴다."는 비유로는 그럴 듯하지만 논리적으로는 약하지요.

그렇다면 논리적 오류에는 어떤 것이 있을까요? **흑백논리의 오류, 성급한 일반화의 오류, 부분의 합을 전체라고 생각하는 오류, 인신공격의 오류** 등이 있습니다. 논리력이 부족한 사람은 흔히 토론에서 이런 잘못된 논증들을 사용하곤 합니다. 그런데 오히려 잘못된 논증이 설득력을 지니기도 합니다.

예를 들어, 우리는 좋은 스포츠 팀을 만들려면 훌륭한 선수들을 모으면 된다고 생각합니다. 그럼 개인기가 뛰어난 최고의 선수들로 팀을 구성하면 항상 우승하게 될까요? 선수들의 개인기는 떨어지지만 단합이 잘 되는 팀과 싸울 때 과연 어느 편이 우승할 가능성이 높을까요? 사람들은 뛰어난 선수들로 구성된 팀의 우승 가능성이 높다고 생각하지만 현실은 그렇지 않습니다. 별로 유명하지도 않고 개인기도 떨어지지만 단합이 잘 되는 팀이 우승할 확률이 더 높습니다. 이 예는

부분의 합은 전체라는 오류를 잘 보여 줍니다. 뛰어난 선수들의 합은 뛰어난 팀이라고 생각하는 것은 분명 오류이지요. 개인과 팀은 다릅니다. 선수 개개인의 수준이 팀 전체의 수준을 보장해 주지는 않습니다.

그다지 성적이 좋지 못한 친구가 공부 방법에 대해 충고한다면 어떨까요? 친구의 충고가 어떤 내용이고 얼마나 타당한지 곰곰이 따져 보기도 전에, "넌 얼마나 잘하는데?"라고 대꾸하기 쉽지요. 친구의 실력 때문에 친구의 충고를 받아들이지 않는 것은 합리적이지 않습니다. 이처럼 "너나 잘해."라는 식으로 반응하는 것을 **피장파장의 오류**라고 합니다.

만일 한 친구가 수학 문제를 맞게 풀었지만 평소에 거짓말을 한 적이 있기 때문에 그 답을 신뢰할 수 없다고 말한다면 그것은 **인신공격의 오류**에 해당합니다. 그리고 이전에 많이 틀렸기 때문에 이번에도 틀렸을 것이라고 생각하는 것은 **경험주의의 오류**입니다. 이 밖에도 나도 모르게 범하고 있는 논리적인 오류들이 많을 수 있습니다.

반면 잘못된 논리를 이용해서 상대방의 의견을 공격하고 다수의 지지를 받는 경우도 종종 있습니다. 사람들은 꼭 논리적으로만 설득되는 존재가 아니기 때문이지요. 오히려 감정을 자극하는 편이 훨씬 더 설득력이 있을 수 있습니다. 이를 노리고 일부러 비논리적인 감성적 설득과 선전을 이용하는 사람도 있습니다. 특히나 정치적인 목적이나 상품 판매를 목적으로 하는 선전이 그렇지요. 감성적 설득이 절대적으로 나쁘다곤 할 수 없지만 어떤 오류가 있는지는 파악할 수 있어야 합니다.

　저자의 논증을 분석할 때도 마찬가지입니다. 저자의 말에 과연 털 끝만 한 오류도 없는지, 방향은 옳지만 부분적으로 틀리지 않았는지, 완전히 잘못된 논리에 기반하고 있는지 판단해야 합니다. 이는 저자의 의도가 어느 정도 실현되었는지 가늠하는 것과 관련된 매우 중요한 문제입니다.

　앞서 『생각한다는 것』을 읽고 이 책이 말하는 잘 산다는 것, 행복, 공부, 철학 등 주요 개념들을 정리해 봤지요? 여기서는 이 개념과 연관된 명제와 논증을 생각해 보고 이 개념들을 재정리해 봅니다. 자, 저자의 의도가 충분히 전달되었나요? 생각해 보고 써 보세요.

1. 생각한다는 것, 잘 산다는 것, 공부, 철학에 대한 명제들을 정리해 봅니다.

생각한다는 것 :

잘 산다는 것 :

공부 :

철학 :

2. 그 명제들이 어떻게 주장되고 있는지 각각의 논증 과정을 살펴
  봅니다.

3. 명제들의 전체적인 연관성을 살피고 저자의 주장이 어떻게 전개
  되었는지 말해 봅시다.

이런 식으로 정리하는 것이 쉽지는 않습니다. 『생각한다는 것』이 아닌 다른 책을 가지고도 반복해서 연습해 보기 바랍니다.

중요한 개념과 명제, 논증을 추려 냈다면 전체적으로 저자의 의도가 제대로 실현되었는지 파악해 봅니다. 그리고 해결되지 않고 남은 문제가 무엇인지 생각해 봅니다. 앞에서 우리는 저자가 제시한 문제가 무엇인지 정확하게 파악하는 훈련을 해 보았지요. 저자의 개념과 주장, 명제들이 논리적으로 연관성이 있는지 따져 보았고 이제 그 결과를 정리할 차례입니다. 저자는 자신의 주장을 제대로 증명했는지, 충분히 설득력이 있는지, 만일 다 설명되지 않았다면 해결되지 않은 것이 무엇인지, 저자도 이를 알고 있는지 확인해야 합니다.

박제가의 『북학의』라는 책을 예로 들어 보겠습니다. 이 책은 조선 사회의 문제점을 진단하고 백성들의 어려움을 해결하자는 취지로 쓴 글입니다. 저자인 박제가가 대책으로 제시한 방안들이 과연 충분히 타당한지 판단해 봐야 합니다. 박제가는 생산 증가를 통한 유통의 활성화, 과거제도의 개선과 수레의 사용, 기술의 혁신과 무역 등 많은 의견을 제시했습니다. 그러나 과연 그것으로 충분했을까요?

지금 시대를 살고 있는 우리는 다방면으로 생각해 볼 수 있습니다. 조선 사회의 신분질서에 근본적인 개혁이 필요했던 것은 아닌지, 경제의 활성화를 위해 기술의 혁신뿐 아니라 제도적 변화를 제안했어야 하는 것은 아닌지, 또 그가 반청 정책의 문제점을 지적했는데 은근히 중국 문화를 미화한 것은 아닌지, 혹은 자신을 내세우기 위해 일부

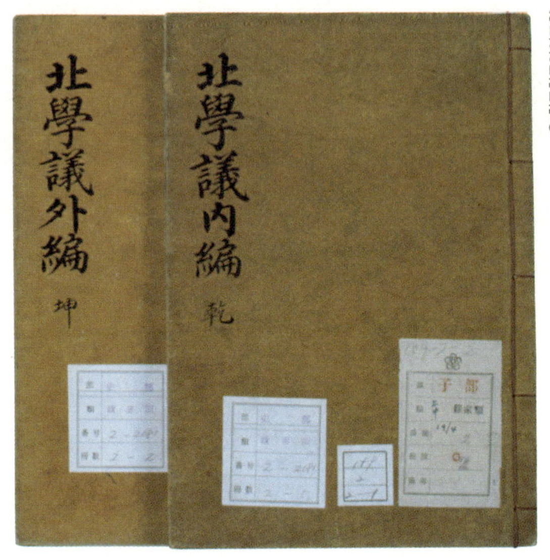

박제가가 쓴 『북학의』 내, 외편 표지로 1962년 국사편찬위원회 판본입니다. 1778년(정조 2)에 박제가가 청나라의 풍속과 제도를 시찰하고 돌아와서 쓴 책이지요. 1798년(정조 22)에는 『북학의』 내, 외편 가운데 3분의 1 정도를 간추려 정조에게 바친 『진소본북학의』라는 책도 있답니다.

러 중국 문화를 찬양한 것은 아닌지 생각해 봐야 합니다. 당시의 박제가는 이런 생각을 할 수 있었을까요? 아마 쉽지 않았겠지요. 이런 식으로 남은 과제를 정리해 봅니다.

9

비판적인 독서란 무엇인가?

누구나 비평가가 될 수 있다

이제 분석하며 읽기의 막바지에 다다랐습니다. 세부까지 구조적으로 파악하고 개념, 명제, 논증을 통해서 내적인 논리를 읽었다면 사실상 책 한 권을 속속들이 다 읽은 셈이고 이제 남은 것은 비판하며 읽기 뿐입니다.

책을 분석하고 비판하라고 하면 독자들은 대체로 난감해 합니다. 자신이 과연 훌륭한 저자의 책을 비판할 자격이 되는지, 실제로 비판이 가능한지 의심스럽기 때문이지요. 독자는 자신이 저자에 비해 경험이나 전문지식 면에서 많이 부족하다고 생각하기 때문에 저자의 의견을 비판하기가 쉽지 않습니다. 그러나 모든 책이 다 그런 것은 아니지요. 독자도 자신의 의견을 충분히 내세우고 책의 내용에 대해 비

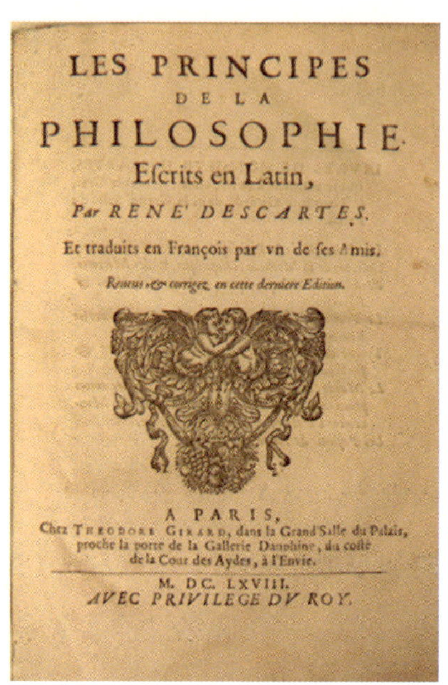 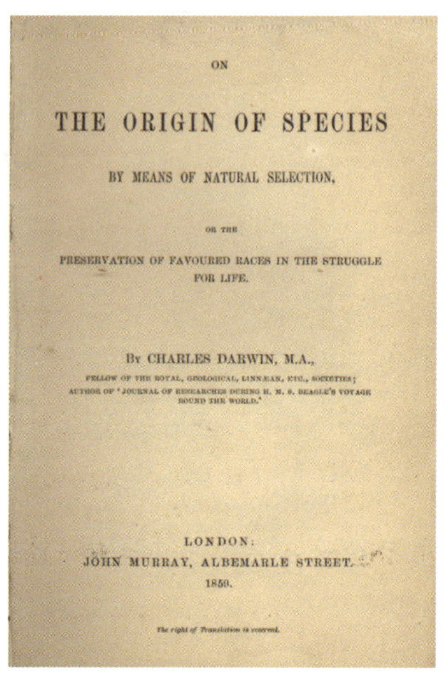

프랑스 철학자 데카르트는 1644년 『철학적 원리』의 초판을 라틴어로 암스테르담에서 발표했어요. 프랑스어 판본은 3년 뒤 친구인 프랑수아가 번역해 나왔지요. 1668년 발행된 프랑스어 판본의 속표지예요.

1859년 영국에서 초판 발행된 찰스 다윈의 『종의 기원』 속표지예요. 초판 당시 제목은 『자연선택의 방법에 의한 종의 기원, 또는 생존 경쟁에 있어서 유리한 종족의 보존에 대하여』로 좀 길었는데 1872년 6판 이후에 지금의 제목으로 출판됐어요.

판할 수 있는 경우가 생각보다 많습니다. 비판의 가능성을 따져 보지도 않고 미리 겁부터 먹고 포기할 필요는 없습니다.

『심청전』을 가지고 생각해 봅시다. 다 알다시피 『심청전』은 심청의 지극한 효성을 다룬 우리의 전통 고전이지요. 심청의 효심만큼은 모두 감탄을 금치 못하지만 그 방법에 대해서는 갸우뚱하는 사람들이 많아요. 아버지의 눈을 뜨게 해 드리려고 인당수에 빠지는 것과 평생 곁에서 아버지를 보살피는 것 중 무엇이 더 나은 선택일까요?

17세기 프랑스 철학자 데카르트는 『철학적 원리』라는 책에서 지구의 공전은 인정했지만 지구의 자전은 인정하지 않았습니다. 혹시 데카르트가 철학은 잘 알았지만 수학이나 과학은 잘 몰랐던 것은 아닐까요? 그렇지 않습니다. 데카르트는 빛에 대해서나 수학의 함수에서나 뛰어난 업적을 남긴 학자였지요. 그런 그가 과학적 오류를 범한 것은 당시 과학의 발전 수준 때문입니다. 우리가 그의 책을 비판할 수 있는 것 역시 우리 자신의 실력에 근거한다기보다는 현재에 증명된 진리에 근거하지 않을까요?

어쨌거나 한 저자가 책을 낸 이후 진리는 바뀔 수 있습니다. 저자의 주장을 보완한 다른 글들이 이미 쏟아졌을 수도 있고요. 저자가 매우 오래전 사람이라면 당시에는 획기적인 주장이지만 오늘날에는 매우 상식적인 주장이 돼 버린 경우도 적지 않습니다. 찰스 다윈의 '진화론'도 그런 경우입니다. 진화론을 설명한 『종의 기원』이 발표되던 1859년 당시, 『종의 기원』을 알아주는 사람이 네댓 명만 돼도 좋겠다라고 한탄할 만큼 진화론에 대한 오해와 배척이 심했지만, 지금은 상식이 되었습니다.

이런 점에서 오늘날의 독자들은 과거의 저자를 평가하기에 매우 유리한 입장입니다. 상식에 입각해 적절히 정보를 수집하고 평가할 수 있다면 누구라도 충분히 저자를 평가할 수 있습니다. 평가하는 것에 대해 두려워하지 말기를!

좋은 책일수록 후대의 비평을 기다린다

세상에는 셀 수 없이 많은 책이 있지만 모든 책이 다 옳고 타당한 이야기로만 채워져 있는 것은 아닙니다. 따라서 항상 좋은 책만을 고를 수 없고, 책을 읽을 때도 무비판적으로 받아들여서는 안 됩니다. 좋지 않은 책은 걸러낼 줄 아는 비판적인 입장이 필요한 것입니다. 설령 좋은 책이라 해도 부족한 부분이 있다면 보완해 읽을 줄 알아야 합니다. 이는 독자의 권리이자 의무라고 할 수 있습니다.

『안응칠 역사』라는 책을 들어 본 적이 있나요? 안중근 의사 자서전의 원제목인데, 안응칠은 안중근 의사의 본명입니다. 이 책은 이토 히로부미를 사살하고 감옥에 갇혀 있던 안중근 의사가 죽음을 기다리며 자신의 인생을 정리한 글입니다. 솔직하고 강렬한 어조로 전개되는 이 이야기엔 깊은 감동이 있습니다. 단어가 어려워서 여러분이 읽기엔 좀 힘들 수도 있지만 안 의사의 애국심만큼은 충분히 느낄 수 있답니다. 당시 우리나라의 형편과 독립운동의 나아갈 길, 그리고 죽어 하늘나라에 가서도 조국의 독립 소식을 듣기를 원하는 간절한 소원이 담겨 있습니다.

이처럼 안중근 의사는 훌륭한 분이 맞지만 그의 의견이 모두 정당한 것은 아닙니다. 그는 자서전에서 동학 농민운동에 대해 매우 신랄

『이야기 동학농민전쟁』은 소설가 송기숙 선생님이 동학 농민 전쟁에 대해 쓴 역사 이야기로 1992년 창비에서 처음 발행됐습니다. 학정을 견디다 못해 민중들 스스로 나라의 주인으로 일어서는 동학운동의 역사를 엿볼 수 있지요. 이 표지는 2005년 개정판입니다.

하게 비판한 바 있습니다. 동학당은 외국인을 배척한다는 것을 빌미로 결성된 집단이며 백성들을 못살게 굴었고, 결국은 일진회로 바뀌어 나라를 팔아먹었다고 주장합니다. 이 말은 과연 사실일까요? 안중근 의사가 본 동학당은 그런 사람들이었는지도 모르지만 모든 동학 세력이 그런 것은 아니었지요. 여기서 우리는 『백범일지』를 참고할 필요가 있습니다. 백범 김구 선생은 어린 나이에 독립운동에 뛰어들었고, 특히 황해도 지역의 동학운동에서 명성을 날리기도 했습니다. 『백범일지』를 살펴보면 동학운동 내부에도 여러 흐름이 있었음을 알 수 있습니다. 동학운동이 일어날 수밖에 없었던 이유에 대해서 좀 더 알고 싶다면 『이야기 동학농민전쟁』을 읽어 보세요.

여기서 잠깐 『안응칠 역사』와 『백범일지』는 각각 동학운동 세력에 대해 어떻게 이야기하고 있는지 직접 읽어 보고 그 내용을 비교해서 적어 볼까요?

동학에 대해 부정적인 안중근 의사의 자서전은 읽을 가치가 없는 책일까요? 결코 그렇지 않습니다. 당시 양반 계층은 대체로 동학을 부정적으로 생각했습니다. 그러나 놀랍게도 『백범일지』를 보면 안중근 의사의 아버지 안태훈 진사가 동학 접주였던 김구 선생을 극진히 돌봐 준 일화가 소상히 소개돼 있습니다. 우리는 동학에 대한 안중근 의사의 견해를 잘 걸러서 이해할 필요가 있습니다. 그는 왜 동학을 비판했을까요? 우리는 그가 동학당이 외세를 끌어들인 원인을 제공했다고 말한 부분에 주목해야 합니다. 안 의사의 의도를 훼손하지 말고 적절하게 평가하라는 말입니다.

좋은 책일수록, 좋은 저자일수록 후세의 비평을 기다립니다. 훌륭한 저자일수록 독자들이 제대로 읽고 제대로 평가해서 책의 내용을 보완해 주기를 기대하기 때문입니다.

감정적인 비난인가, 논리적인 평가인가

비판적으로 책을 읽는 자세는 독자의 권리이자 의무라고 앞서 말했는데, 올바른 비평은 좋은 책이 나올 수 있는 밑거름이 되기 때문입니다. 그러나 많은 사람들이 비판, 혹은 비평이라고 하면 흔히 잘못을 꼬집는 일이라고만 생각하고 비판적으로 책을 읽으라고 하면 흠집을 찾는 데 혈안이 됩니다. 그러나 비판적으로 읽기는 오히려 건전한 대화, 올바른 토론의 자세에 가깝습니다.

친한 사이에도 대화를 하다 보면 논쟁으로 이어지고, 결국 감정이 상하는 경우가 종종 있습니다. 서로의 의견이 다름을 확인하면 일단 상대의 의견엔 귀를 닫고 자기 의견만 반복해서 말하게 되고, 상대방에게서 허점을 발견하기 위해 호시탐탐 기회를 엿봅니다. 자기 의견의 문제점은 덮어 둔 채 말이지요. 그럼 처음에는 화기애애한 듯 보이지만, 점점 분노가 끓어올라 결국 감정적인 말로 대화를 끝내기 십상입니다.

책을 비판할 때도 마찬가지입니다. 감정적으로 비난해서는 안 됩니다. 저자는 친구와는 달리 독자 앞에서 자신의 의견을 옹호하거나 상대를 반박할 수 없습니다. 무방비 상태의 저자를 상대로 감정적인 비난을 퍼붓고 꼬투리를 잡는 것이 얼마나 쉬울까요? 그리고 그렇게 마음껏 비난하고 나면 더는 책을 읽을 이유도 사라집니다. 그럴 마음이라면 책 한 권을 다 읽을 필요도 없이 단 서너 장만 읽어도 충분히 비난할 근거를 찾을 수 있습니다.

『논어』를 읽다 보면 공자가 친구를 사귀는 것에 대해 이야기한 부분이 있습니다. 이로운 친구와 해로운 친구를 각각 세 가지 유형으로 들면서 가려 사귀라고 충고합니다. 이를 당연하게 받아들이는 독자도 있지만 사뭇 비판적인 독자도 있습니다. 친구는 이로움을 따져 가며 사귀는 대상이 아니라고 반박하는 것이지요. 그럼 여기서 공자는 친구를 사귈 때 이해관계를 따지라고 말한 것일까요? 그는 결국 이해타산적인 사람이었을까요?

『논어』를 다 읽어 보면 공자는 개인의 이익보다는 의리와 예절을 훨씬 더 중요하게 여겼음을 알 수 있습니다. 그런데 공자는 왜 느닷없이 개인의 이익에 민감해진 것일까요? 대체 무슨 뜻에서 이런 말을 했을까요? 만일 독자 혼자서 확실한 답을 내놓을 수 없다면 당분간 판단은 보류해 두기 바랍니다. 섣부른 추측보다는 신중함이 필요한 순간입니다.

공자는 속물에 불과했던 것일까요? 아니면 다른 뭔가가 있을까요? 이에 대해 속단하지 말고 공자에 대해 더욱 깊이 탐구해 보세요. 『논어』를 몇 번이고 다시 읽고 참고서적도 찾아본 뒤 '공자의 의견은 이런 것이다.'라고 확신할 수 있을 때 비로소 비판도 할 수 있습니다.

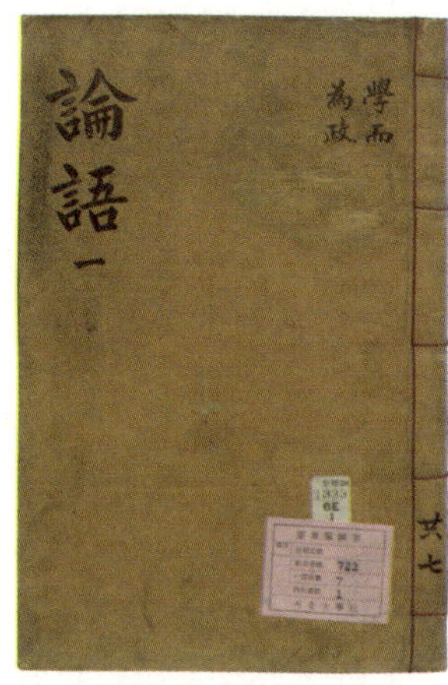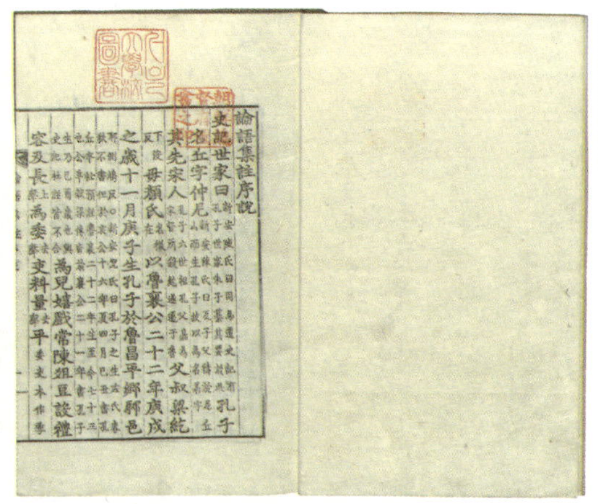

1820년(순조20) 호광(명)등수명이 편찬한 『논어집주대전』의 20권 7책 중 첫 번째 표지와 본문입니다. 『논어』는 공자와 그 제자들의 대화를 기록한 책으로 공자의 제자들이 편찬한 것으로 알려져 있죠. 『논어』에는 수많은 주석서가 있는데 주희의 『논어집주대전』이 가장 유명합니다.

선입견으로 인한 감정적인 비난을 막고 냉정하게 자신을 평가한 다음 열린 마음으로 저자를 탐구하려는 노력이 비판하며 읽기의 기본 자세입니다. 왜 우리는 좋은 책, 훌륭한 책이라고 칭송되는 책들을 읽으려 할까요? 뛰어난 저자들과 대화를 하면서 무엇인가 배우려는 의도가 아닐까요? 배우는 사람은 가르치는 사람의 말을 일단 들어야 합니다. 그렇지 않고 자신의 의견만을 앞세운다는 것은 명백한 잘못이지요. 우리는 진리 앞에서 겸손한 배움의 자세를 취해야 합니다.

서로 의견이 달라서 격렬하게 논쟁을 할 수는 있지요. 그러나 자신의 의견이 틀렸다면 당당히 인정하고 상대의 손을 들어 주어야 해요.

아리스토텔레스가 말하길 친구와의 우정도 소중하지만 진리는 더욱 소중하다고 했습니다. 아무리 친구가 소중해도 거짓을 진실이라고 말할 수 없을 뿐더러, 친구의 말이 자신의 감정과 다르다고 해도 진실이라면 승복해야 한다는 뜻입니다. 그런 마음으로 대화하고 논쟁한다면 제대로 배울 수 있습니다.

반박을 하려면 먼저 찬성할 수도 있어야 합니다. 자신은 절대 설득당하지 않으려고 발버둥 치면서 상대방만 설득시키려고 안간힘을 쓰는 것은 토론이 아니라 우기기입니다. 반박하든 찬성하든 사실에 입각해 진리를 향해 나아가야 합니다. 비판을 목적으로 하더라도 언제든지 상대방에게 승복할 수 있다는 자세로 읽어야 저자와 대화가 가능합니다.

> **책을 비판할 때 주의할 점**
> · 부분만을 읽으면 말꼬리를 잡고 늘어지기 쉽다.
> · 전체를 읽고 말하려는 바를 종합적으로 이해한다.
> · 선입견을 조심한다.
> · 냉정하게 자신의 생각을 평가하고 열린 마음으로 책을 읽는다.

비판적인 읽기의 지침 네 가지

진정한 의미의 토론은 어떻게 가능할까요? 앞에서도 대화의 원칙과 자세에 대해 이야기했지만, 자신의 입장을 지키는 가운데 상대방 입장에 대해서도 최대한 공평하게 생각하려는 노력이 필요해요. **설득하기 위해 논쟁하지 말고 설득당하기 위해 논쟁해야** 합니다. 독자도 이런 대화의 원칙에 따라 저자를 반대하면서도 예의를 지키는 올바른 토론을 해야 합니다.

올바른 대화나 토론의 자세는 하루아침에 만들어지는 것이 아니에요. 상당한 훈련을 통해 자신을 객관화하고 상대의 진정성을 믿고 귀를 기울이는 태도가 몸에 배어야 합니다. 이제 우리는 책을 비판적으로 읽는 지침 네 가지를 익히게 될 텐데, 이는 우리가 감정 또는 선입견에서 벗어나는 것을 도와 줄 것입니다.

여러분이 책 내용에 찬성하기 어려울 때, 저자에게 할 수 있는 말을 다음 네 가지 경우로 나눠 분석해 봅니다.

1. 근거가 부족하다.
2. 잘못 알고 있는 정보가 있다.
3. 논리적이지 못하다.
4. 완전하다고 할 수 없으니 좀 더 분석해 보라.

1. 저자의 '근거가 부족하다.'고 할 수 있는 경우는 저자가 자신이

말하려고 하는 것에 대해 정보가 부족하다는 뜻입니다. 저자가 살던 시대의 한계로 인해 저자가 잘 모르는 지식이 있을 수 있습니다. 게다가 과학적 진리는 다른 무엇보다 정확성과 객관성을 요구합니다. 그래서 우리는 저자의 주장이 과연 진리인지 물어야 합니다. 단 한 번이 아니라 반복적으로 관찰해 지속적으로 확인될 수 있는 사실인지 검증해 봐야 합니다.

예를 들어 떨어지는 물체는 속도가 일정하게 증가한다고 한다면 정말 그런 실험 결과가 있는지, 어느 곳에서나 그런 것인지, 어떤 근거로 그런 것인지 확실하게 물을 필요가 있어요. 비단 과학뿐 아니라 역사나 사회문제도 마찬가지예요. 일부 중국인들이 주장하듯이 고구려의 역사가 중국의 역사라는 근거가 단순히 지금 현재의 영토가 중국 땅이어서라는 식이라면 곤란합니다. 무언가 주장을 하려면 충분한 근거를 대야 합니다.

2. '잘못 알고 있는 정보가 있다.'는 말은 주장의 근거가 부족한 것이 아니라 잘못되었다는 것입니다. 과거의 잘못된 정보나 왜곡된 정보를 근거로 내세우는 경우이지요. 한때 일본에서는 우리나라의 구석기 유물만큼이나 오래된 70만 년 전 유물이 발견되곤 했습니다. 이를 근거로 일본의 역사를 다시 써야 한다는 공론이 일기도 했지요. 그런데 알고 보니 그 유물들은 조작임이 밝혀졌습니다.

자, 그럼 오류를 찾고 비판하는 연습을 해 봅시다. 다음은 누군가

인터넷에서 '창씨개명'에 대해 주장한 글입니다. 앞의 지침을 가지고 비판해 봅시다. 필요한 정보는 인터넷으로 검색해도 좋습니다.

사례　창씨개명의 진실

흔히 일본이 한국에 창씨개명을 강요했다고 하는데 사실이 아닌 것 같다. 한국인들은 스스로 자신의 이익을 위해서 창씨개명을 한 것이 아닐까? 그렇지 않다면 왜 한국인들은 창씨개명에 대해 적극적으로 거부하지 않았을까? 실제로 일본의 강압이었다는 증거가 어디 있는가?

당시에 창씨개명을 하지 않았다면 배급을 받지 못했다든지, 학교를 다닐 수 없었다든지, 우편물을 받지 못하게 했다든지, 공공기관에 근무하지 못하게 했다는데 사실이 아닌 것 같다. 예를 들어 손기정씨가 창씨개명을 하지 않아서 배급을 받지 못하고 굶어 죽었다는 말을 들은 적이 없다. 그리고 41년도 학교 졸업앨범에 보면 상당수가 창씨개명하지 않은 이름으로 올라와 있는 것을 확인할 수 있다. 그리고 당시 기관장 중에 여럿이 창씨개명하지 않고 조선인의 이름을 쓰고 있는 것을 보아 공직에서 쫓아냈다고 하는 것은 사실이 아니다.

실제로 일본의 강압에 의한 것이라는 구체적 증거는 거의 없다. 왜 한국인들은 사실이 아닌 것을 퍼뜨리고 있는 것일까?

---

3. '논리적이지 못하다.'는 것은 말 그대로 논리에 오류가 있다는 말입니다. 이런 오류는 뛰어난 저자들에게서는 잘 발견되지 않습니다. 논리는 마치 수학과 같아서 조금만 치밀하게 생각하면 실수를 피할 수 있기 때문에 뛰어난 저자들이라면 좀처럼 이런 실수를 하지 않습니다.

어떤 저자들은 자신의 입장을 유리하게 하기 위해 고의적으로 오류를 범하기도 합니다. 예를 들어 고대 그리스의 철학자들 가운데 소피스트들은 자신의 의견이 옳다는 것을 보이고 재판에서 이기기 위해 고의로 궤변을 구사하곤 했습니다. 정치가들 또한 많은 사람들의 호응을 끌어 모으기 위해 일부러 감정에 호소하고 비논리적인 선동을 하곤 합니다. 연설은 때로 논리적 설득보다는 감정적 호소가 훨씬 효과적이기 때문입니다.

이런 오류를 벗어나려면, 먼저 글이 독자의 숨은 욕망과 이기심을 자극하지는 않는지 살펴볼 필요가 있습니다. 논리적 오류를 감추기 위해 독자를 사리사욕으로 눈멀게 할 수 있으니까요. 예를 들어 복권에 당첨될 확률은 지극히 희박하다는 것을 알면서도 당첨금에 눈이 멀면 복권을 사게 됩니다. 당첨금이 굉장히 크거나, 자신의 생활이 굉장히 어렵거나 둘 중 하나일 때 이성은 더욱 마비됩니다. 그래서 복권 판매업자는 희박한 당첨 확률보다 거액의 당첨금만 강조하는 것이지요.

위의 세 가지를 따져 봤는데 비판할 것이 없습니다. 그런데 마음속에서는 뭔가 찬성할 수 없다는 느낌이 드는 경우 어떻게 해야 할까요? 잘못된 근거가 없고, 합당한 근거도 충분히 제시했고, 논리적으로도 타당하다면 저자의 의견을 받아들이지 않을 수 없습니다. 그런데도 저자의 의견에 대해서 왠지 거부감을 떨칠 수 없다면 그것은 독자의 선입견 때문일 것입니다. 아니면 아직도 책의 내용을 완전히 이해하지 못했거나.

만일 책을 완전히 이해했고 책의 사실적 근거, 논리적 정합성, 주장의 타당성에 상당한 문제가 발견됐다고 하면 그 책은 더 이상 탐구 대상이 될 수 없겠지요. 비판하고 멀리 던져 버려도 좋습니다. 던져 버릴 책이 아니라 더 탐구할 책으로 결정된다면 이제 비평의 마지막 단계로 넘어갑니다.

4. '완전하지 않다.'고 하는 것은 저자가 자신이 제기한 문제를 완벽히 해결하지 못했다는 말입니다. 자신의 주장에 걸맞게 자료를 최대한 활용하지 못했거나 자신의 주장이 가져올 결과를 충분히 파악

하지 못한 경우입니다. 이는 저자에 대한 비판이라기보다는 저자의 한계에 대한 비평으로 좀 더 보완을 요구합니다.

예를 들어 봅시다. 맹자의 왕도정치는 어진 왕에 의해 베풀어지는 선한 정치를 목표로 하지만 오늘날의 민주주의 이상에 비추어 보면 지배계급을 중심으로 한 정치라는 한계를 여실히 드러냅니다. 아무리 민본주의와 역성혁명을 이야기한다 하더라도 일반 백성들이 정치를 한다면 지배층은 당연히 거부감을 가졌을 테지요. 하지만 묵자처럼 빈곤한 사람들이 정치를 해야 한다는 혁명적인 주장도 실제 있었습니다. 이에 비하면 맹자의 선한 정치, 왕도정치는 좀 더 개선될 여지가 있다는 비판에서 자유롭지 못합니다. 그래서 후대의 많은 사상가들이 맹자의 민본주의 사상을 발전시키려고 합니다.

미국은 1776년 「독립선언문」에서 인간의 존엄성과 천부인권을 강조한 바 있지요. 그러나 그 후에도 오래도록 노예제도를 유지했습니다. 1861년 노예제도를 전국적으로 확대해야 한다는 의견과 반대하는 의견이 팽팽히 대립하면서 4년간의 남북전쟁이 시작됩니다. 당시 미국 대통령 링컨은 「독립선언문」의 정신을 온전히 계승한다면 노예제도를 없애야 한다고 주장합니다. 남북전쟁의 결과로 재산으로서의 노예가 폐지되고 인간으로서의 흑인이 등장하게 됩니다. 흑백 차별까진 없애지 못했지만 말이지요.

이상의 분석하며 읽기의 원칙들은 그야말로 원칙입니다. 실제로 이렇게 읽어 내는 사람은 거의 없을지도 모릅니다. 다만 중요한 것은

이 원칙을 최대한 지키려는 태도예요. 잘 지키려고 노력할수록 훌륭
한 독자가 된다는 사실을 잊지 마세요. 훌륭한 학생이 훌륭한 교사가
될 수 있는 것처럼 훌륭한 독자가 훌륭한 저자가 될 수 있답니다.

TIP

분석하며 읽기를 돕는
도구들

시각적인 표시

분석하면서 읽는 단계에서는 꼼꼼한 메모와 더불어 시각적인 표시를 한다. 살펴 읽는 동안 물음표(?)나 포스트잇으로 표시했던 부분을 여기서 반드시 해결하며 읽는다. 중요한 단어는 그 뜻을 여백에 적어 두면 나중에 다시 읽을 때 도움이 된다. 자신의 생각이나 느낌, 공감과 반대 의견 등을 적어 둘 수도 있다.

중요한 개념이 한눈에 들어오도록 책에 표시하는 것이 좋다. 참고서에서처럼 중요한 개념어를 네모(□)로 표시하고 그 정의엔 밑줄을 긋는다. 결론으로 이어지는 부분은 물결 표시(〜)로 구분한다. 비교나 대조가 있는 부분은 앞뒤 문장을 사선(/)으로 갈라 놓고 화살표(↔)표시를 하면 의미가 분명해진다. 만일 앞뒤 내용이 상반되면서 뒤의 내용을 강조해야 하는 경우에는 세모(△)표시를 하고 뒤에 밑줄을 그어 둔다. 앞에 나온 개념을 확인하거나 인과관계를 분명히 하고 싶을 때, 또 내용의 연관성이 중요할 때는 곡선 화살표(↶)로 과감하게 앞뒤 내용을 연결한다. 이런 표시를 하면 책의 핵심을 체계적으로 파악하는 데 도움이 된다.

전체적인 내용이 나란히 제시된 경우에는 번호를 붙여서 정리한다. 흔히 첫째, 둘째라고 표현된 부분은 동그라미만 쳐도 확인되지만 그런 표현이 없거나 다소 문단 구분이 어려운 부분은 (1) (2) (3) 등으로 번호를 매겨 구분하도록 한다. 간혹 어떤 문단은 전체가 다 중요해서 모두 밑줄을 그어야 하는 경우도 있다. 이때 문단 전체를 테두리로 감싸면 좀 더 강조가 된다. 만일 불필요하다고 판단되는 문단이 있으면 테두리를 하고 옆에 가위(×) 표시를 한다. 불필요한 문장이나 구는 괄호(( ))로 묶어 버리는 것도 괜찮다. 중요한 것 같은데 밑줄까지 칠 필요는 없다면 꺽쇠(⟨ ⟩)로 표시할 수 있다.

소제목이 질문 형식이면 그에 적당한 답을 적어 두는 것도 중요한 메모 방식이다. 어떤 책은 장별로 중간 표지를 마련하는데 거기에 장 전체의 요약이 없다면 독자 스스로 장 내용을 요약해서 써 본다. 간혹 저자와 의견이 다르거나 보완해야 할 내용이 있는 경우 여백이 부족할 수 있는데, 이때 별도의 메모지를 활용해 보자.

나만의 독서 노트 만들기

독서 메모는 처음에는 연필로 하는 것이 좋다. 두세 번 읽으면서 점차 형광펜이나 볼펜 등을 사용하기 바란다. 처음부터 지나치게 진한 색을 쓰면 나중에 중요한 것과 덜 중요한 것을 구분하는 것이 어려워지기 때문이다.

메모나 표시를 하다 보면 점차 자신에게 맞는 방식을 찾게 되고 그 수준도 점점 진화한다. 처음에는 책에만 메모하다가 나중에는 공책에 정리하게 되고, 더 나아가 거의 참고서 수준으로 내용을 정리할 수 있다. 공책을 정리하는 기법은 코넬식 정리법이나 마인드맵 등 여러 방법이 있으니 내게 맞는 것을 찾아보자.

3장

책에 따라 다르게 읽는다, 갈래별 읽기

이제 우리 시대뿐 아니라 역사 속의 유명한 저자들과 대화할 수 있게 되었을 겁니다. 소설과 시, 역사책과 자서전, 수학과 과학 등 책의 갈래에 따라 달리 읽는 법을 재미있는 글과 함께 살펴봅니다. 교과서 읽는 비법도 익혀 보아요.

실용서 읽는 법

목적을 분명히 하고 읽자

앞에서 우리는 책 분류의 중요성에 대해 배웠지요. 이제 실제로 분류를 해 보고 갈래에 맞추어 책을 읽어 볼 차례예요. 먼저 실용서에 대해 알아보겠습니다.

실용서는 실생활에 활용하기 위해 읽는 책이라고 할 수 있습니다. 당장 필요한 지식을 얻기 위한 책, 기술을 익히기 위한 책이 해당합니다. 인생을 더욱 풍요롭고 지혜롭게, 올바르게 살아가기 위한 조언이 담긴 책도 실용서에 해당합니다. 여러분이 가장 많이 보는 실용서는 무엇일까요?

아마도 교과서를 공부하기 위한 참고서가 아닐까요? 이 밖에도 개개인의 필요에 따라 다양한 자기계발서를 읽을 것입니다. 인기 있는 사람이 되는 법, 시간을 관리하는 법, 직업 적성을 찾아 주는 책 등등. 생각을 단련하는 법, 고전을 읽는 방법을 알려 주는 책도 실용서에 해당합니다. 그럼 이렇게 다양한 실용서는 어떻게 읽어야 할까요?

무엇보다 실용서를 읽는 목적을 분명히 세우는 것이 중요합니다. 왜 이 책을 읽으려고 하는가, 이 책을 통해서 무엇을 얻으려고 하는가를 생각해야 하지요. 지금 이 책 역시 실용서에 속합니다. 이 책을 읽고 여러분은 무엇을 얻으려고 합니까? 그것이 독서의 목적입니다.

무엇을 얻으려고 하는가에 따라 읽어야 할 실용서의 종류, 기간, 방법이 달라집니다. 수학을 잘하기 위해 참고서를 읽는다고 해 봅시다. 먼저 목표를 정확히 세워야 합니다. 당장 시험공부가 목표인지, 궁금한 부분을 찾아보는 것이 목표인지, 수학의 기초를 쌓기 위한 것인지, 여러 유형의 문제를 푸는 연습을 하기 위함인지 말이지요. 목표가 분명해졌다면, 가장 먼저 거기에 적합한 수학 참고서를 선택했는지 판단해야 합니다.

다양한 유형의 문제를 풀어 보려고 하면서 개념서를 보는 것은 좋은 선택이 아닙니다. 새로운 문제를 접하고 익숙해지는 것이 목표인데, 하루 이틀 만에 책을 독파할 계획을 세워서도 안 됩니다. 처음 수영을 배울 때 어떻습니까? 하루 이틀 만에 완전히 자유형을 익히는 사람은 굉장히 드물지요. 어떤 운동이든 한 가지 기술을 제대로 익히려면 적어도 2주 이상 필요하다고 합니다. 공들여 자세를 배운 뒤 반복 훈련해야 하고, 거기에 필요한 근력도 길러야 합니다. 수학책도 마찬가지입니다. 개념을 익히고 유형을 익히려면 넉넉히 시간을 두고 반복적으로 연습해야 합니다. 단 하루 만에 끝내려고 하면 안 되지요.

대체로 실용서는 책의 첫 머리에 책의 활용 방법을 알려 줍니다. 다음은 어느 수학책 머리말의 일부입니다.

> 이 책의 내용을 따라오려면 어느 정도의 기본적인 수학 지식이 필요합니다. 삼각법은 주로 삼각함수들을 다루기 때문에 함수 정도는 잘 알고 있어야 합니다. 예를 들어 → $y = f(x)$ 같은 표현 말이죠, 그리고 $x-y$ 좌표계도 능숙하게 다룰 줄 알아야 합니다. 각도를 재는 단위인 '도'도 사용할 줄 알아야 하고, 삼각형의 기본적인 성질도 역시 알고 있어야 합니다. (중략) 각장의 끝에는 연습문제를 만들어 놓았습니다. 아무리 본문을 완벽하게 이해해도, 직접 풀어 보지 않으면 자기 것이 되지 않습니다. 문제의 해답들은 따로 책 뒤쪽에 모아 두었으니, 직접 풀어 본 답과 맞춰 보기 바랍니다. 흔히 사람들은 수학은 암기과목이 아니라고 말합니다. 그래도 최소한의 것들, 예를 들어 사인, 코사인, 그리고 탄젠트함수의 정의와 특수한 값들은 외워 둘 필요가 있습니다.
>
> ─D. 다우닝, 『이야기로 아주 쉽게 배우는 삼각함수』, 이정국 옮김, 이지북

수학뿐 아니라 물리, 화학 같은 과학 서적도 책의 활용 방법을 친절하게 알려 주는 편입니다. 경제 관련 실용서들도 대체로 그렇습니다.

이는 독자를 위한 배려이므로, 실용서를 읽을 때는 이를 잘 받아들여야 합니다.

이렇게 쉽게 판단하고 실행할 수 있는 실용서가 있는가 하면 어떻게 읽어야 할지 난감한 실용서도 있습니다. 예를 들어 철학적 사고력을 길러 주는 책들은 어떻게 읽어야 할까요? 철학이라면 언뜻 보기에 이론서일 것 같은데, 과연 실용서로 구분해도 될까요? 이런 고민이 든다면 앞서 수학책의 종류를 나눈 방식을 참고하세요. 수학의 이론과 개념을 소개하는 것이 주라면 이론서이고, 실제 문제 풀이가 위주라면 실용서예요. 철학 관련 서적도 이와 같이 분류할 수 있습니다. 철학사와 철학 이론을 소개하는 책은 이론서로, 논리적 판단력과 가치 판단력을 길러 주는 책은 실용서로 구분합니다.

이런 분류는 결코 절대적인 것이 아닙니다. 우리의 편의상 나눈 분류일 뿐이지요. 예를 들어 인간의 신체를 과학적으로 연구했다면 이론의 영역에 속하지만, 질병 치료에 초점을 맞추었다면 실용에 더 가깝답니다. 사회의 경제 현상을 다룬 경제학 서적도 이론서인지 실용서인지 알쏭달쏭할 때가 많습니다. "경제 현상을 분석하면 이러저러한 원리를 발견하게 될 것이고 따라서 이러저러한 행동방식이 좋다."는 메시지가 함축된 책이라면 어떻게 분류해야 할까요? 이론적인 면도 분명 강하지만 그 속에 숨은 메시지에 더 눈길이 간다면 그 책은 실용서로 분류해도 됩니다.

결국 실용서는 내용 자체도 중요하지만 읽는 사람의 목적이나 태도에 더욱 밀접히 관련되어 있습니다. 또 동일한 소재를 다루더라도 저자가 글을 쓴 목적에 따라 책의 색깔은 확연히 달라집니다. 실용서를 읽는다는 것은 저자가 권하는 것을 찾아내는 작업과도 같습니다. 실용서의 저자는 독자에게 실용적인 도움을 주려고 글을 쓰기 때문이니까요. 독자를 설득하고 독자의 공감을 끌어낸 뒤 독자의 생각을 바꾸고 행동하게 하려는 것이 실용서 저자의 뜻입니다.

부자가 되려면 이렇게 하라는 식으로 아주 구체적인 방법을 제시하는 경우도 있습니다. 주식에 투자하라거나 금을 구입해 두라고 할 수도 있습니다. 혹은 일반적인 차원에서 어떤 원칙을 제시하기도 합니다. 장기적으로 가치가 상승할 것에 대비해 투자하라고 말이지요. 따라서 실용서에는 "～해야 한다"거나 "～을 하는 것이 좋다"는 식의 표현이 많이 나옵니다. 일종의 충고를 합니다. 그런 충고가 거부감 없이 잘 전달되기 위해 실제 사례나 반박할 수 없는 근거를 제시하곤 합니다.

이론서처럼 보이는 실용서의 말투는 좀 다릅니다. 직접적인 충고보다는 이론 뒤에 은근히 충고를 담는 경우가 더 많아요. 예를 들어 애덤 스미스는 『국부론』에서 자본주의 시장경제의 원리에 대해 열심히 설명하고 있지만, 그 뒤에는 이런 충고가 담겨 있습니다. 시장은 특정 집단에 유리하도록 억지로 통제하기보다는 모두에게 이롭고 공정하게 돌아가도록 내버려 두어야 제 기능을 다할 수 있다고 말이지요. 토마스 모어가 이 세상에는 없는 『유토피아』를 이야기한 것 역시 그런

1776년 스코틀랜드에서 나온 애덤 스미스의 『국부론』 초판본의 속표지예요. 고전경제학의 근본이라는 평가를 받고 있는 책이지요. 원제는 『모든 국민의 부의 성질 및 원인에 관한 연구』이지만 『국부론』으로 더 많이 알려져 있습니다.

1516년 초판 발행된 토마스 모어의 『유토피아』에 삽입된 그림이에요. 이상적인 정치체제를 지닌 '유토피아'라는 섬나라를 상상해 낸 책이지요. 초판은 라틴어로 발행됐고, 영어판은 1551년에 처음 나왔어요.

사회를 실현해야 한다는 강력한 호소입니다.

실용서는 아무리 추상적으로 보여도 독자에게 가장 좋은 것이 무엇인지 알려 주고 설득하려는 것이 최대 목표입니다. 여러 형태의 정치체제에 대해 설명하는 것도 결국은 가장 좋은 정부 형태를 말해 주고 설득하기 위함입니다. 도덕을 체계적으로 설명하는 도덕 교과서라 할지라도 그 목적은 선한 삶이 무엇이고 그것이 어떻게 가능한지 충고하면서 독자를 설득하려는 것이랍니다. 그래서 실용서의 저자들은 독자의 이성에 논리적으로 호소할 뿐만 아니라 감성을 자극해 설득력을 높이려고 애를 씁니다. 그것이 꼭 나쁘다는 뜻은 아닙니다. 사람은 이성보다 감성에 훨씬 쉽게 설득당하는 존재이므로 조심하라는 뜻입니다.

실용서를 읽을 때는 독자를 설득하는 방법이 과연 정당하고 올바른 것인지 판단할 필요가 있습니다. 저자가 독자의 감성에 호소하고 있는지, 독자의 감성을 자극하려는 것은 아닌지 잘 찾아내야 합니다. 옷가게에 가면 점원이 이런 말을 하지요. "원래 예쁘시니까 옷이 잘 어울려요. 날씬하시네요." 옷을 팔기 위한 달콤한 거짓말인 줄 알면서도 손님은 속아 넘어갑니다.

실용서에서 저자가 중요한 이유

실용서를 읽을 때 주의할 점이 또 있습니다. 실용서는 이론서에 비해 저자가 어떤 사람인지 알 필요가 있습니다. 수학 이론서의 경우, 독자가 저자의 인격을 알아야 할 필요는 없습니다. 단지 그 이론이 옳은지 그른지가 중요할 뿐이지요. 그러나 도덕적인 문제나 정치, 경제에 대해 판단하는 책이라면 저자가 어떤 사람인지, 그의 시대와 그의 사상은 어떤 관계인지 알아야 합니다. 저자의 인격이 책의 정당성을 보장해 주지는 않지만 저자의 의도를 제대로 간파하는 데는 도움을 주기 때문입니다. 또 도덕적 주장을 담은 책은 저자가 인격적으로 훌륭하다고 해서 그의 의견이 옳다고 할 수는 없지만 책 내용에 신뢰도가 높아지는 것은 사실입니다. 공자, 부처 같은 성인들의 말씀은 아무래도 좀 더 신뢰가 가지 않을까요?

처음 학문을 배우려는 사람은 무엇보다도 먼저 학문을 하는 종국적인 목적에 대하여 마음가짐을 확고히 세워야 한다. 나도 꼭 훌륭한 사람이 되어야겠다고 마음속으로 기약해야 하고, 조금이라도 자신을 작게 여기어 그것을 핑계 삼아 물러서고 미루려는 생각을 가져서는 안 된다.

대개 보통 사람과 훌륭한 성인은 그 타고난 본성은 똑같은 것이다. 비록 성격과 재능이 사람에 따라 맑은 사람이 있고 흐린 사람이 있으며, 또는 순수한 사람과 혼탁한 사람이 있어서 그 사람들 사이에 차이는 있다고 하겠지만, 진실로 진리를 알고 실천해서 옛날부터 내려오는 나쁜 습관을 버리고 착한 인간의 본성을 처음 모습으로 되찾는다면, 조금도 보태지 않더라도 모든 선함이 다 풍족할 것이다. 평범한 사람이라고 어찌 훌륭한 성인이 되기를 스스로 기약하지 못하랴?

— 이이,『격몽요결』, 2 입지장(명문당,『율곡집』가운데)

이 글은 율곡 이이가 쓴 『격몽요결』이라는 책의 일부입니다. 처음 공부의 길에 들어선 학생들을 위한 학문의 입문서라 할 수 있지요. 조

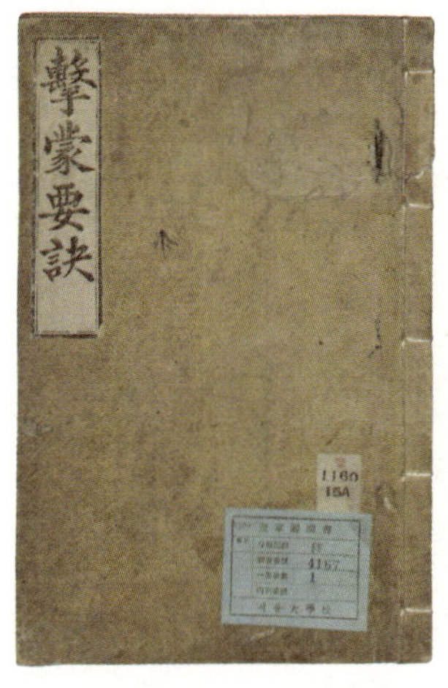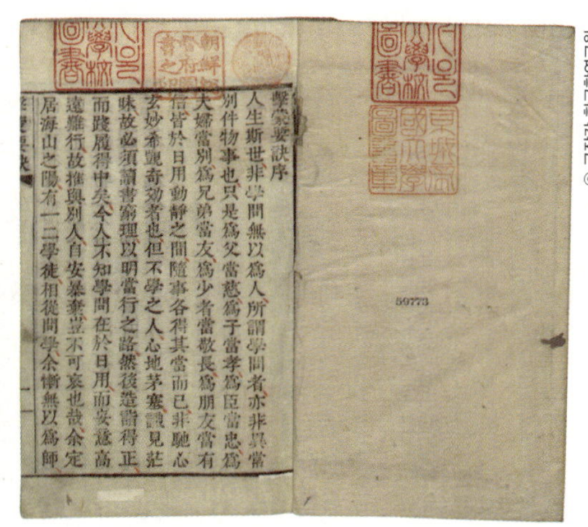

『격몽요결』은 1577년(선조 10) 율곡 이이가 쓴 학문 입문서예요. 2권 1책, 총 21장으로 된 이 책은 덕행과 지식의 함양을 위한 초등 과정의 교재로 근세까지 널리 쓰였고 여러 번 간행됐지요. 편자나 간행년도가 알려지지 않은 판본의 표지와 본문입니다.

선시대의 대표적인 학자이자 훌륭한 선비였던 **율곡이 공부를 시작하는 사람들에게 올바른 마음자세와 덕목, 사회생활의 지침을 알려 주려는 목적으로 쓴 이 책은 실용서**라 할 수 있습니다.

율곡은 이 책에서 사람마다 재능의 차이는 있지만 근본적으로 선한 성품을 타고나기 때문에 누구나 성인이 될 수 있다고 말합니다. 그리고 도덕적 성인이 될 수 있는지 여부는 처음에 얼마나 큰 뜻을 품느냐에 따라서 결정된다고 보았습니다. 이것은 우리가 하고 있는 공부에 적용해도 마찬가지일 것입니다. 사람마다 타고난 재능의 차이는 있지만, 열의를 가지고 꾸준히 공부하는 사람이 큰 성취를 얻는 법입니다. 이것은 분명 좋은 내용이지만 우리가 율곡의 이 말을 크게 신뢰하는 것은 율곡이 조선을 대표하는 뛰어난 학자였기 때문이기도 할 것입니다.

반대로 우리는 율곡의 책에 명백한 한계가 있음도 예상할 수 있습니다. 조선시대가 양반 중심의 신분제 사회였고, 게다가 율곡은 대표적인 성리학자인 만큼 그의 주장에는 분명 한계가 있을 것입니다. 지금의 시대와는 다른 가치관을 주장할 것이고, 현대인이 공감할 수 없는 사회규범을 강조할 것입니다.

『격몽요결』은 서문을 포함해 총 12장이 있습니다. 그중 사람이 죽었을 때를 다룬 「상제」, 제사와 관련된 「제례」, 집안을 다스리는 「거가」, 과거와 관련된 「처세」, 유교 교육과 관련된 「학교 모범」 등은 지금 그대로 적용하기 어려운 풍습을 담고 있습니다. 또 부모를 섬기는 방법을 다룬 「사친」, 유교 학습의 순서를 다룬 「독서」 등은 지금은 적용할 수 없는 내용들입니다. 「독서」에서 제시한 대로 『소학』과 『대학』, 『논어』와 『맹자』, 『중용』을 읽은 뒤에 『시경』과 『예기』, 『서경』과 『주역』까지 읽을 수는 없는 노릇이니까요.

실용서는 저자의 의도와 독자의 의도가 맞아야 읽는 의미가 있다는 것을 기억해 두기 바랍니다. 저자가 전달하려고 하는 내용에 대해 독자가 전혀 관심이 없다면 그 책은 의미가 없습니다. 예를 들어 공부를 잘하는 방법을 다룬 훌륭한 책이 있다 해도 독자가 공부에 관심이 없다면 그 책을 읽으려는 의욕이 생길 수 없지요. 독자는 실용서를 읽기

에 앞서, 우선 자신의 관심사와 저자의 관심사가 같은 방향인지 판단
해야 합니다. 무턱대고 집어든 실용서 때문에 귀중한 시간을 낭비하
면 곤란하니까요.

- 읽는 목적에 맞는 책을 고른다.
- 저자가 알려 주는 책의 활용법을 따른다.
- 저자의 말에 무조건 설득당하지 않도록 주의한다.
- 저자 약력을 꼼꼼히 살핀다.

11

문학서 읽는 법

분석하기 전에 먼저 음미하라

문학은 분석하기 이전에 감상하는 것이 중요해요. 이 책에서 강조하는 것은 책을 분석하며 읽는 것이지만 문학은 좀 다릅니다. 문학 작품은 지나치게 빨리 분석해서는 안 됩니다. 분석이란 주로 이해의 측면과 관련이 있는 만큼 문학을 충분히 감상하지 않고 분석에 들어가면 작품의 진정한 맛을 놓치기가 쉽습니다. 작품을 사랑하고 작품에 빠져들기 전에 일단 분석부터 하는 사람은 마치 자신의 연애 감정을 심리학적으로 따져 보기만 하는 연애 초보자와 다르지 않아요. 사랑하는 감정이나 상대에 충실하지 못하고 앞날에 대한 불안과 근심이 앞서 사랑에 발을 담그기도 전에 내빼는 격이지요.

문학을 접할 때는 경험을 존중해야 합니다. 문학 작품이 열어 주는

 이해는 교과서와 교양서적으로 충분하고, 문학의 세계에서는 비판의 메스를 잠시 내려 놓고 안내자의 뒤를 따라야 합니다. 말도 안 되는 이야기가 펼쳐지더라도 일단 수긍하고, 자신의 생각과 다른 이야기가 나와도 일단 끄덕입니다. 그러면 나도 모르게 새로운 세계 속으로 푹 빠져들게 됩니다. 손에 땀을 쥐고 긴장하는 순간, 안타까움에 가슴을 치는 순간이 이어지다가 어느덧 결말을 맞이하게 됩니다. 그래서 조금은 허망할 때도 있어요. 어, 이렇게 끝이야? 하는.

그렇습니다. 소설이나 희곡은 그렇게 끝이 납니다. 현실은 그리 간단하지 않아 지루한 상황들이 꼬리에 꼬리를 물고 계속 이어지지만 소설은 아무리 길어도 거기까지입니다. 만일 여운이 남는다면 처음부터 다시 읽는 수밖에요. 그렇다면 아직 끝나지 않은 사랑이 남아 있다는 뜻이고, 사랑이 남아 있다면 아직은 분석할 때가 아닌 거예요.

시도 마찬가지입니다. 분석하기 전에 일단 시인의 심정이 돼 보아야 합니다. 그러려면 시를 낭송하고 외우고 써 먹어 봐야 합니다. 외로운 상황에서 그 시를 떠올리며 위로를 받아야 그 위대함을 알게 되니까요.

소설 읽는 법 1: 저자가 내미는 손을 잡는다

소설을 읽을 때는 특히 상상력, 끈기, 집중력, 기억력을 발휘해야 하

1884년 영국에서 출간된 『허클베리 핀의 모험』 초판본에 들어 있는 삽화입니다. 허클베리 핀이 토끼와 총을 들고 있는 이 그림은 E.W.켐블의 작품이지요.

고 어느 정도의 어휘력도 갖추어야 합니다. 소설책의 모든 단어를 다 알 필요는 없을 뿐 아니라, 단어를 다 안다고 해서 소설에 몰입되는 것도 아닙니다. 그럼 어떻게 해야 소설에 빠져들 수 있을까요?

마크 트웨인의 소설 『허클베리 핀의 모험』 첫 부분에는 이런 경고가 있습니다.

이 이야기에서 주제를 찾으려는 사람은 고소당할 것이며,

교훈을 찾으려는 사람은 추방당할 것이고,

줄거리를 찾으려는 사람은 총살당할 것이다.

저자의 명령에 따라 육군 대장 G.G. 씀

우리는 흔히 소설에서 주제를 찾고, 교훈을 찾고, 줄거리를 찾습니다. 마크 트웨인이 살던 시대에도 대부분의 교양 있는 독자들이 그랬을 것입니다. 그러나 마크 트웨인은 그런 태도에 대해 농담으로 야유합니다. 대체 왜 그런 것일까요? 주제를 찾는 일이 나쁜 것일까요? 그건 아니지만, 그보다 먼저 소설에 몰입하기를 바랐겠지요. 당시 사회는 부랑아에 속하는 허클베리 핀과 도망 노예인 짐의 이야기에 선입견을 가질 만했고, 저자가 경계한 것도 바로 그런 시선이었습니다. 독자가 아무런 편견 없이 소설 속 인물들과 함께 모험을 떠나기를 바란 것이지요. 사회적으로는 불건전한 인물이지만 허크와 짐의 입장이 돼 보지 않으면 이 소설을 제대로 감상할 수 없을 테니까요.

소설마다 몰입을 위한 적당한 속도가 있습니다. 소설은 작가의 시대나 상황, 혹은 사건의 전개 양상에 따라 읽히는 속도가 다릅니다. 특히 어휘가 낯설게 여겨지는 소설은 비교적 천천히 읽어야 합니다.

종이나 헝겊이 귀했다. 손수건 같은 게 이 세상에 있다는 것도 몰랐다. 코가 흘러서 입으로 들어갈 때쯤 되면 소매로 쓱 씻었다. 그래서 한겨울을 나고 나면 소맷부리에 고약이 엉겨 붙은 것처럼 새카만 더께가 앉았다. 둥덩산같이 솜을 둔 저고리 하나면 겨울을 났다. 엄마가 동정을 갈아 줄 때마다 소맷부리의 더께도 쓱쓱 비벼서 털어 내 주건만도 그러했다. 아랫도리는 솜바지 위에다 어깨허리가 달린 통치마를 입었다. 옷감은 무명에다 울긋불긋 물을 들여 풀을 먹여 반들반들하게 다듬이질한 것이었다.

— 박완서, 『그 많던 싱아는 누가 다 먹었을까』, 웅진지식하우스

자, 무슨 말인지 알겠습니까? 어느 정도 뜻을 알겠다면 이 소설을 당장 읽어도 재미있을 것입니다. 하지만 무슨 말인지 전혀 모르겠다면 읽어도 줄거리 외에는 그다지 얻는 것이 없을 것입니다. 재미와 감동을 느끼기 어려울 정도의 어휘력이라면 아직은 그 소설을 읽을 때가 아니라고 보면 됩니다. 만일 단어는 좀 알겠지만 장면이 잘 그려지지 않는다면 천천히 한 문장 한 문장 곱씹으며 장면을 상상하면서 읽어 보세요.

소설 속 장면이 머릿속으로 그려질 정도라면 굳이 둥덩산이나 더께, 동정 같은 단어를 몰라도 재미있게 읽을 수 있습니다. 일단은 재미가 있어야 작품에 몰입할 수 있겠지요. 장편의 경우 어느 정도 읽다 보면 작가의 말투에 익숙해지면서 자연스레 속도가 붙습니다. 처음에 낯설었던 등장인물들도 점차 친근해지고 구체적인 장면이 상상되기 시작하면 그 시대가 눈앞에 보입니다. 그 많던 싱아들, 지금은 어디에 있는지도 모르고 아무도 먹지 않지만 그 시대엔 많이 먹던 것들. 지금하고는 달리 누런 코를 달고 살던 시절들. 소설 속으로 자연스럽게 들어가려면 공들여 읽어야 합니다.

현대를 배경으로 하는 소설들은 비교적 빨리 읽을 수 있을 것입니다. 흔히 드라마로 각색되는 로맨스물이나 추리소설, 판타지, 무협지

1992년 웅진출판에서 발행된 박완서의 『그 많던 싱아는 누가 다 먹었을까』 초판본 표지예요. 저자의 삶을 통해 일제 말기와 해방, 그리고 한국전쟁에 이르는 한국 현대사의 굴곡들을 고스란히 담아 낸 자전적 소설이랍니다.

등의 소설들은 술술 읽힙니다. 심지어 어떤 소설들은 다른 소설의 장면과 표현을 그대로 가져다 쓰기 때문에 자세히 읽을 필요도 없습니다. 중간 중간 건너뛰어 읽어도 내용을 이해하는 데 문제가 없습니다.

그러나 건너뛰고 읽어선 안 되는 소설이 분명 있습니다. 영화를 예로 들어 보겠습니다. 어떤 영화는 처음과 끝만 보면 됩니다. 내용이 미리 공개되면 굳이 볼 필요도 없는 영화이지요. 그러나 몇 번을 다시 봐도 재미있고 매번 신선함을 느끼는 영화가 있습니다. 몇 번이나 눈을 부릅뜨고 열심히 봤는데도 처음 본 듯한 장면을 발견합니다. 어떻게 이럴 수 있을까요? 좋은 영화는 구조가 매우 치밀하게 짜여 있어서 어느 한 장면도 허투루 나오지 않기 때문입니다. 모든 장면이 다

유기적으로 결합돼 있어서 군더더기라고 할 만한 것이 전혀 없는 것이지요.

좋은 소설도 마찬가지입니다. 너무나 빠르게 읽어 버리면 중요한 대목을 놓칠 위험이 많습니다. 만일 사건의 결말이 궁금하다면 뒤를 펼쳐서 미리 보세요. 그래도 괜찮습니다. 결론을 미리 안다고 해서 재미가 줄어들지는 않습니다. 그러나 더 좋은 방법은 한 문장 한 문장 깊이 음미하며 저자가 이끄는 대로 충실히 읽는 것입니다.

이효석의 『메밀꽃 필 무렵』의 한 장면을 살펴볼까요?

> 길은 지금 산허리에 걸려 있다. 밤중을 지난 무렵인지 죽은 듯이 고요한 속에서 짐승 같은 달의 숨소리가 손에 잡힐 듯이 들리며, 콩 포기와 옥수수 잎새가 한층 달에 푸르게 젖었다. 산허리는 온통 메밀밭이어서 피기 시작한 꽃이 소금을 뿌린 듯이 흐뭇한 달빛에 숨이 막혀 하얏다. 붉은 대궁이 향기같이 애잔하고 나귀들의 걸음도 시원하다. 길이 좁은 까닭에 세 사람은 나귀를 타고 외줄로 늘어섰다. 방울소리가 시원스럽게 딸랑딸랑 모밀밭께로 흘러간다.
>
> — 이효석, 『메밀꽃 필 무렵』(문학과 지성사, 『이효석 단편선』가운데)

자, 어떤가요? 깊은 산골의 밤이 느껴지나요? 이런 장면을 멋없이 후딱 읽어 버리면 소설의 맛을 느낄 수가 없습니다. 이런 멋진 묘사는 천천히 음미하면서 읽어야 합니다. 소설에는 이런 멋진 묘사뿐 아니라 손에 땀을 쥐게 하는 장면도 등장합니다.

장 발장은 귀를 기울였다. 아무 소리도 들리지 않았다.

문을 밀었다.

안으로 들어오려는 고양이처럼 은밀하고 조심스럽게, 손가락으로 가볍게 밀었다.

문은 그러한 압력에도 밀렸고, 감지될 수 없을 만큼 조용히 움직여, 간격을 조금 더 넓혔다.

그는 잠시 기다렸다가 이번에는 더 과감하게 문을 밀었다.

문은 여전히 소리 없이 밀렸다. 이제 간격이 상당히 넓어져 그가 통과할 수 있을만 하였다. 하지만 문 가까이에 작은 탁자가 있었고, 그것이 문과 거추장스러운 각을 이루어 입구를 막고 있었다.

장 발장은 어려움을 알아차렸다. 어떠한 일이 있어도 간격이 더 넓어져야 했다.

그는 결단을 내려 세 번째로 문을 밀었다. 처음 두 번보다 더 세게 밀었다. 이번에는 기름칠이 제대로 되어 있지 않은 돌쩌귀 하나가 별안간 어둠 속에서 마찰음을 냈다. 탁하고 긴 소리였다.

장 발장은 몸서리를 쳤다. 그 돌쩌귀의 소리가, 최후의 심판정에서 들려오는 나팔 소리처럼, 그의 귓속에서 터질 듯이 또 무시무시하게 울렸다.

소리가 환상적으로 크게 들리던 최초의 순간, 그는 그 돌쩌귀가 살아나서 무시무시한 생명을 얻었고, 그래서 모든 사람들에게 알리고 잠든 사람들을 깨우기 위해 개처럼 짖는다고 생각했다.

그는 멈춰 서서 오들오들 떨며 넋을 잃은 채, 발끝으로 걸으며 들었던 발뒤꿈치를 털썩 바닥으로 내렸다. 동맥들이 관자놀이 속에서 대장간의 두 망치처럼 두드리는 소리가 들렸다. 그의 숨결이, 깊은 동굴로부터 들려오는 바람 소리를 내며 허파로부터 나오는 것 같았다.

—빅토르 위고, 『레 미제라블』, 이형식 옮김, 웅진 펭귄 클래식코리아

장 발장이 미리엘 주교의 침대 머리맡에 있는 은 식기를 훔치기 위해 몰래 주교의 방으로 들어가는 장면입니다. 잘 알다시피 『레 미제라블』에서 가난한 젊은이 장 발장은 조카들에게 먹일 빵을 훔친 죄로 19년을 감옥에서 썩었지요. 빵을 훔칠 때만 해도 선량했던 장 발장은 감옥에서 모진 고통을 겪는 동안 엄청난 분노에 사로잡히고 출옥하면서는 더욱 위험한 인물로 바뀝니다. 그러던 어느 날 성당에서 하룻밤을 묵게 된 그는 모두가 자신을 차갑게 대할 때 따뜻하게 맞아 준 유일한 사람, 미리엘 주교에게 고마워하기는커녕 오히려 은 식기를 훔치기로 합니다.

그[장 발장]의 눈이 노인으로부터 떨어지지 않았다. 그의 자세와 얼굴에서 선명하게 드러나는 것은 하나의 기이한 망설임이었다. 그는

두 심연 사이에서, 즉 파멸의 심연과 구원의 심연 사이에서 머뭇거리고 있었다. 그는 노인의 두개골을 부수거나 그의 손에 입을 맞출 준비가 되어 있는 것 같았다.

잠시 후, 그의 왼쪽 팔이 천천히 자기의 이마 쪽으로 올라갔다. 그가 모자를 벗었다. 그러더니 팔이 다시 천천히 내려왔다. 그리고 장 발장이 왼손에는 모자를 들고 오른손에는 곤봉을 든 채 다시 생각에 잠기는데, 그의 사나운 머리 위에는 머리카락이 삐죽삐죽 솟아 있었다.

— 출처: 앞과 같음

장 발장은 이제 자신에게 잠자리와 식사를 대접해 준 고마운 은인을 해치려 하고 있습니다. 그의 마음속에 걷잡을 수 없는 분노가 들끓었던 것이지요. 그러나 주교를 내려다보는 그의 마음은 심한 갈등으로 흔들립니다. 장 발장과 주교는 어떻게 될까요? 줄거리는 잘 알려져 있지만 이런 긴장감은 책을 읽지 않고서는 결코 맛볼 수 없습니다.

만일 여러분이 『레 미제라블』을 제대로 음미하고자 한다면 먼저 축약본을 읽어도 좋지만 원본을 읽지 않고선 세밀한 묘사가 일으키는 감동을 결코 느낄 수 없지요. 영화를 먼저 본 뒤 책을 읽어도 좋습니다. 가장 평가가 좋은 영화를 골라 보고 책을 읽으면 도움이 될 것입니다.

1862년 프랑스에서 출간된 빅토르 위고의 『레 미제라블』 초판본에 실린 삽화예요. 어린 코제트가 비질을 하고 있는 이 그림은 에밀 바야드가 그린 것으로, 이후에 나온 책들과 뮤지컬 홍보 포스터에 가장 많이 쓰이며 『레 미제라블』을 상징하는 이미지가 됐죠.

『레 미제라블』에는 1800년대의 시대적 갈등은 물론 종교, 철학, 정치 면에서 무수한 토론거리가 등장합니다. **은혜를 악으로 갚으려는 사람에게 과연 자비를 베풀어야 하는가? 인간은 반드시 신을 믿어야 거룩한 존재가 될 수 있는가? 사람들은 원래 악한 것인가? 누구나 환경에 따라, 개인의 의지에 따라 선해질 수 있는 것인가?** 등 다양한 문제가 제기됩니다.

빅토르 위고가 서문에서 "법률과 관습에 의해 문명사회가 지옥이 되고, 빈곤 때문에 인간의 존엄성이 훼손되며, 가난 때문에 여인이 타락하고, 무지로 인해 어린아이가 교육받지 못하는 상태가 계속되는 한 이런 책들이 전혀 쓸모없다고는 할 수 없을 것"이라고 한 말에 수

긍한다면 이 책은 결코 대충 읽어서는 안 됩니다. 때로는 책을 덮고
잠시 생각에 잠겨야 할 때도 있습니다.

소설 읽는 법 2: 속속들이 파헤치며 읽는다

앞에서 우리는 책을 제대로 읽는 법을 배웠지요. 살펴 읽기, 분석하며
읽기, 비판하며 읽기. 이런 방법들을 소설에도 적용할 수 있을까요?
가능은 하지만 조금 응용이 필요합니다. 문학은 이해하는 것보다 느
끼는 것이 더 중요하니까요. 예를 들어 『어린왕자』를 분석하며 읽을
수 있으나 그보다 먼저 어린왕자를 만나 마음을 터 놓는 것이 더 중
요해요. 다짜고짜 분석부터 하려고 들면 어린왕자는 화를 낼지 모르
죠. "당신은 뭘 몰라. 아무것도 모르는 거야. 결국 아무것도 알 수 없
게 될 거야."라고.

분석하기보다 먼저 느낄 수 있는 소설을 고르는 것도 중요합니다.
수준에 맞는 책을 고르세요. 너무 어려운 소설은 소설의 재미를 떨어
뜨리고 소설로부터 멀어지게 합니다. 물론 소설은 교양서에 비해 어

려운 말이 많아도 읽을 수 있습니다. 조금 어려운 소설에 도전해 보는 것도 나쁘지만은 않습니다. 대체로 고전으로 추천되는 소설들은 좋은 책일 가능성이 매우 높습니다.

최근엔 국내 청소년 소설도 좋은 작품들이 많습니다. 청소년 소설의 경우 특별한 독서법은 필요 없지만 고전 작품으로 추천되는 소설은 청소년이 읽기에 좀 어렵습니다. 예로, 『압록강은 흐른다』, 『잃어버린 이름』, 『그 많던 싱아는 누가 다 먹었을까?』 등이 그렇습니다. 현 중학교 교과서에 실린 작품들도 처음에는 쉬워 보이지만 꼼꼼히 읽어야 제대로 의미를 파악할 수 있을 정도로 만만치 않습니다.

대체로 교과서에 실린 소설들은 다른 소설에 비해 어휘가 어렵고, 배경도 다소 생소합니다. 처음부터 어린 학생들을 대상으로 쓰인 소설이 그리 많지 않기 때문입니다. 작품성이 뛰어난 만큼 비유나 상징이 많아 더 어렵게 느껴지지요. 박완서의『그 많던 싱아는 누가 다 먹었을까』도 유년기를 다룬 소설이지만 청소년 독자를 대상으로 쓴 것은 아닙니다. 『압록강은 흐른다』도 마찬가지입니다. 독일 교과서에 실릴 만큼 문학성은 뛰어나지만 정작 우리나라 학생들에겐 어려울 수 있습니다. 독일인에게는 동양인의 유년기라는 소재가 신비롭게 보일지 몰라도 우리에게는 그저 낯선 과거에 그칠 수 있으니까요. 게다가 소설의 주제도 이해하기에 결코 만만치 않습니다.

이런 소설들을 혼자서도 거뜬히 읽어 내려면 어떻게 해야 할까요? 다음 순서를 따라해 보기 바랍니다.

1. 일단 처음부터 끝까지 읽습니다. 한 편의 영화를 감상하듯, 어려운 부분이 나와도 일단 끝까지 읽어 내는 것에 초점을 둡니다. 다 읽은 다음 간략히 책 소개를 생각해 두세요. 적어도 독서 모임에서 자신의 생각을 말할 정도로 말이지요. 장면을 상상하고 묘사를 즐길 수 있는 속도로 읽습니다. 소리를 내진 않지만 낭독하는 느낌으로 읽고, 잘 이해되지 않는 부분은 다음에 이해하기로 하고 넘어가세요. 그러나 작가의 말은 빠트리지 말고 읽으세요.

2. 두 번째로 읽으면서 정리할 내용을 생각해 둡니다. 줄거리, 주요 등장인물의 성격, 중심 사건과 갈등의 이유, 그 해결 과정, 주제, 마음에 와 닿는 내용. 두 번째 읽고서 이런 내용을 정리할 수 있다면 정말 뛰어난 독서 실력을 갖춘 데다 글 솜씨도 좋다고 할 수 있습니다. 내용을 이해했어도 정리하기는 쉽지 않거든요.

이 단계에서 **제목 붙이기 연습**을 해 보세요. 『어린왕자』처럼 장의 번호만 있는 경우 저자를 대신해서 제목을 붙여 봅니다. 그리고 그 제목에 맞게 두세 문장의 해설을 써 보세요. 이미 제목이 있는 장편 소설의 경우 새로운 제목을 달아 보세요.

3. 좀 더 심화시키려면 '작가가 정말 하고 싶었던 이야기'를 정리해 봅니다. 소설에서 작가가 독자에게 던지고 싶었던 물음 또는 전달하고 싶었던 이야기가 무엇인지 말해 보세요. 그리고 소설가가 이를 위

해 어떤 구조를 배치했는지, 어떤 사건을 어떻게 구성했는지, 결말은 어떻게 처리했는지 생각해 봅니다. 이전 단계는 눈에 보이는 소설의 특징을 정리하는 것이라면 이번에는 겉으로 드러나지 않은 숨겨진 구조를 파악해 작가의 의도를 드러내는 과정이라고 할 수 있습니다.

이제 여러분이 학교에서 배운 소설의 구성요소와 장치들을 총 동원할 때입니다. 발단, 전개, 위기, 절정, 결말이나 배경의 의미, 복선, 상징적 소재, 소설가의 문체, 서술자의 시점 등 수업 시간에 배웠던 것을 스스로 찾아내 봅니다. 이런 작업을 통해 왜 이 소설을 이렇게 여러 번 읽게 됐는지, 어째서 이 소설을 좋아하게 됐는지 납득할 수 있을 것입니다.

4. 끝으로 자신과의 연관성, 인물 유형에 대한 평가, 작가와 시대에 대한 탐구, 주제의식의 타당성, 소설의 미적 구성에 대해 평가해 봅니다. 소설 속 인물들은 우리에게 친근감을 주거나 아니면 낯선 느낌을 줍니다. 좋은 소설일수록 독자는 다양한 인물에게서도 자신과 닮은 점을 발견합니다. 예를 들어, 어린왕자뿐 아니라 비행기 조종사인 '나'에게서도 독자는 자신의 모습을 발견할 수 있답니다. 이런 인물의 개성은 소설이 아닌 다른 책에서는 결코 얻을 수 없는 것이지요.

다양한 인물이 등장하는 장편 소설일수록 각각의 인물은 독자 자신은 물론 주변 사람들의 성격을 거울처럼 그대로 비춰 줍니다. 이때 독자는 그런 인물을 통해 작가가 무엇을 말하려는 것인지, 등장인물

 작가가 펼친 세계가 과연 어떤 가치를 지니는지, 어린왕자와의 만남이 내 인생에서 어떤 의미가 있는지를 말이지요.

소설을 처음 읽을 때의 즐거움은 놀라움입니다. 두 번째 읽을 때는 미처 몰랐던 세계를 발견한 즐거움입니다. 세 번째, 네 번째 읽을 때는 자신이 좋아하는 부분에 집중해서 그 맛을 음미하게 됩니다. 한 번만 읽어서는 절대 그런 맛을 느낄 수 없습니다. 소설을 한 번만 읽는 것은 바닷가만 보고 대양의 깊은 속까지 속속들이 다 알았다고 말하는 것과 같습니다.

소설 읽는 법 3: 장르별로 읽는다

지금까지 일반적인 소설과 교과서에 실린 소설을 읽는 법을 알아보았지요. 이제 좀 다른 각도에서 소설 읽는 법을 알아보겠습니다. 흔히 소설은 단편과 장편, 엄청나게 긴 대하소설 등으로 나눌 수 있습니다. 국내 소설과 외국 소설로도 나눌 수 있고요. 이제 그런 분류에 따라 읽는 법을 보겠습니다.

 단편 소설은 짧은 분량에 비해 내용이 어려운 편입니다. 짧은 시간에 읽을 수는 있지만 제대로 이해하기는 쉽지 않지요. 언어가 압축적이고 극적인 반전이 있으며 다루는 소재나 주제도 만만치 않기 때문입니다. 그런데도 보통 단편 소설은 소설집으로 엮어 있어서 한 번에 여러 편을 읽게 됩니다. 그러나 짧은 시간에 여러 편을 연속적으로 읽는 것은 그다지 좋은 방법이 아닙니다. 한 이야기의 감흥이 아직 남아 있는 상태에서 다른 이야기를 읽는 것은 맛있는 음식으로 꽉 찬 배에 또 다른 맛있는 음식을 집어넣는 격입니다. 배가 부른 상태에선 맛있는 음식을 느낄 수 없는 법이지요.

 장편 소설 한 권을 읽는 데는 보통 2시간에서 5시간 정도가 필요합니다. 이런 긴 시간을 제대로 즐길 수 있는 장소 물색도 중요하고, 마음의 여유도 있어야 합니다. 세 시간짜리 영화를 매일 5분, 10분 간격으로 잘라서 보는 사람은 아마 없겠지요. 장편 소설도 그렇습니다. 될 수 있으면 한 자리에서 끝까지 읽어야만 생생한 긴장감도 놓치지 않고, 인물도 또렷이 기억에 남습니다.

장편 중에서도 신문이나 잡지에 연재되었던 소설은 중간에 장별로 나누어서 읽어도 큰 무리는 없습니다. 각 편이 독립적인 이야기로 연결된 연작소설인 『원미동 사람들』이나 『난장이가 쏘아 올린 작은 공』 같은 작품도 장별로 끊어서 읽을 수 있고, 장별로 내용을 요약하며 읽으면 더욱 좋습니다.

　대하소설은 등장인물을 제대로 파악하면 더욱 재미있습니다. 비교적 단순한 사건의 직선적인 전개와 반전으로 구성되는 단편 소설, 인물들의 복잡한 내면이 서로 엉키는 장편 소설에 비해 대하소설은 엄청나게 많은 등장인물과 다양한 사건들이 거미줄처럼 복잡하게 얽힙니다. 5권, 10권, 20권에 육박하는 분량도 독자를 부담스럽게 하지요. 대하소설은 처음에는 많은 등장인물로 독자의 기를 죽이지만 어느 정도 인물들이 익숙해지면 그들이 주는 재미에 날 새는 줄 모르게 됩니다. 마치 감초 연기자, 특색 있는 조연 덕분에 더욱 재미있는 드라마를 보는 것 같습니다.

　대하소설에 등장하는 인물은 몇 명 정도일까요? 놀랍게도 박경리의 소설 『토지』 5부작 21권에는 600여 명의 인물이 나옵니다. 더 심한 것은 조정래의 3부작인 『태백산맥』, 『아리랑』, 『한강』인데 총 32권에 등장하는 인물이 무려 1,200여 명에 육박합니다. 저자는 이 1,200여 명의 인물들을 서로 겹치지 않게 묘사하느라 엄청난 스트레스를 받았다고 하네요. 좋은 소설일수록 인물들이 개성적일 뿐 아니라 실제 살아 움직이는 느낌을 줍니다. 이런 소설은 인물들의 관계도를 그리거나 특징을 따로 메모하면 인물을 빨리 파악할 수 있고 읽기에도 도움이 됩니다. 어떤 책은 앞부분에서 인물을 소개하기도 하고 인물사전을 따로 펴내는 경우도 있습니다. 특히 외국의 장편 소설은 이름이 낯설어서 훨씬 어렵게 느껴질 수 있으니 따로 공책을 마련해서 메모하는 것이 좋습니다.

장편 소설, 대하소설이 어려운 것은 많은 등장인물 때문만은 아닙니다. 그 배경이 되는 역사적 사건 때문에 어려움을 느끼기도 합니다. 또 지역 방언이나 관용적 표현, 속담 등도 읽는 데 걸림돌이 될 수 있습니다. 대하소설은 대체로 대학생 이상의 일반 독자를 대상으로 하고, 사회의 다양한 면모를 적나라하게 다루기 때문에 청소년이 읽기에는 부담스런 장면도 종종 나옵니다. 그러나 언젠가는 반드시 읽어야 할 좋은 작품들이 많은 것도 사실이에요.

 원전 읽기는 결코 쉽지 않지만, 다행히 다양한 판본이 있어서 각자에게 적당한 수준을 골라 읽을 수 있습니다. 다만 최대한 원전에 가까운 판본을 읽는 것이 좋습니다. 어린이용보다는 청소년용이 낫고 그보다는 원전이 더욱 좋습니다. 원전에 가까운 판본을 읽으려면 무엇보다 우리말 실력을 길러야겠지요.

고전 소설을 읽기 전에 축약본을 읽는 것도 괜찮습니다. 축약본을 읽고 완역본을 읽는다면 말이지요. 우리에게 너무나 낯선 사회의 풍경이나 인물들이 나오면 머릿속이 복잡해지고, 게다가 내용까지 너무 어려우면 도무지 읽어 나갈 자신이 없게 됩니다. 이때 축약본으로 미리 맛을 봐 두면 완역본을 읽는 데 도움이 됩니다.

 이청준처럼 작품

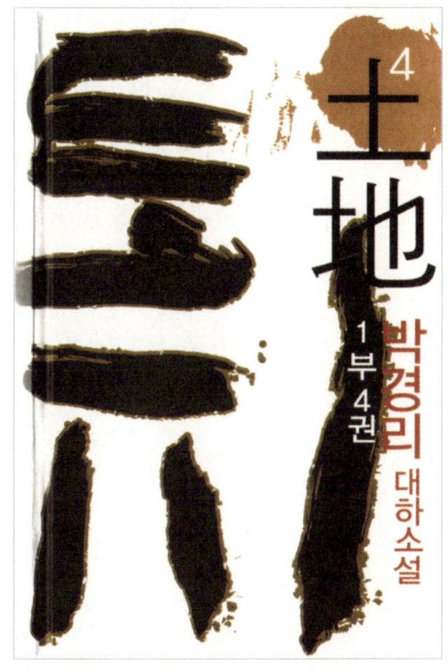

박경리의 대하소설 『토지』(나남, 2002) 표지예요. 초판본은 1969년 집필을 시작으로 1994년 8월 총 5부 16권으로 완간됐습니다. 그 후 여러 판본이 나왔고 영어, 불어, 일어로도 번역됐지요. 1897년부터 일제시대, 그리고 1945년 8.15 광복에 이르기까지 최씨 일가 3대의 이야기를 중심으로 방대한 인물과 사건이 펼쳐집니다.

수가 많은 작가는 작품을 다 읽는 것이 쉽지 않지만, 한 작가 당 적어도 3~4편을 연속적으로 읽으면 작가의 문제의식이 비교적 쉽게 느껴집니다.

매일 매일 조금씩 읽는 방법을 추천하는 독서가도 있습니다. **한 권의 책을 매일 조금씩 음미하면서 몇 달에 걸쳐 읽는 이른바 '슬로 리딩'이라는 방법**이지요. 자신의 생활 속에서 책의 모든 것을 분해하고 느끼면서 읽는 것입니다. 이렇게 읽으려면 책에 대한 집중력은 물론 엄청난 끈기가 필요하겠지요.

시대 순서에 따라 소설을 읽는 독법도 있습니다. 소설을 통해서 시대를 재구성하고 파악하면서 읽는 방법입니다. 예를 들어 조선시대의 소설, 개화기의 소설, 일제 강점기의 소설, 해방 직후의 소설, 전쟁 직후의 소설, 60년대, 70년대, 80년대로 나누어서 시대의 분위기를 파악할 수 있는 소설을 차례로 읽는 것이지요. 이 경우 그 시대에 발표됐고 동시대를 소재로 삼고 있는 소설을 읽는 것이 좋습니다. 그러면 우리 역사의 흐름과 더불어 사람들의 생각이 어떻게 변화하고 성장했는지를 쉽게 알 수 있습니다.

시는 읽기보다 외우는 것이다

시를 읽는 법에서 제일 중요한 것은 외우는 것입니다. 시를 외우는 것이 그리 어려운 일은 아닙니다. 중학생의 경우 대개 마음만 먹으면 한 시간에 짧은 시 4~5편 정도는 너끈히 외울 수 있습니다. 좋은 시를 찾아서 자신만의 시집을 만들어 보는 것도 괜찮은 방법입니다. 50편 가량 외워 두면 마음속에 문득문득 시가 떠오르는 신기한 경험을 하게 될 것입니다.

　시는 한 번 읽고 다 이해되는 글이 아닙니다. 어떤 시는 세월이 흘러 지긋이 나이가 들어야 슬슬 이해되기 시작합니다. 물론 한 번 읽고 마음에 꽂히는 시도 있습니다. 신경림 시인은 어려서부터 마음에 와 닿는 시가 있으면 학교에 걸어가는 길에 외웠다지요. 그렇게 한 편 두 편 외운 시들이 천 편이 넘는다고 하네요. 시를 많이 외우다 보면 저절로 훌륭한 시인이 되는 것인지도 모르겠습니다.

　시집을 읽는 방법도 있습니다. 물론 여러분은 시집을 읽을 기회가 드물겠지요. 보통은 교과서에 실린 시를 한 편 두 편 읽게 되니까요. 교과서에서 마음에 드는 시가 있다면 그 시가 실린 시집을 한 번 찾아 읽어 봅시다. 「서시」가 마음에 든다면 윤동주의 『하늘과 바람과 별과 시』를 읽어 보고, 「청포도」가 마음에 든다면 이육사의 시집을 찾아서 읽어 봅니다. 교과서에 나오는 시인 가운데 백석을 골랐다고 해 봅시다. 백석의 시집을 구해서 먼저 10편 정도 읽어 봅니다. 순서 상관없이 다음의 과정을 따릅니다.

1. 일단 읽어 봅니다. 될 수 있으면 천천히 시가 묘사하는 장면을 상상하며 시인처럼 낭독하듯이 읽습니다.
2. 낭독을 하면서 시의 운율을 느껴 봅니다.
3. 시를 읽고 뭔가 느낌이 온다면 그 시를 옮겨 적습니다.
4. 시의 분위기에 맞는 그림을 간단히 그려 봅니다.

5. 시에 대해 간단한 글을 적어 봅니다. 시를 적당히 풀어서 수필이나 소설처럼 써 보는 것입니다. 대충 대여섯 줄 이상으로 적어 봅니다.

6. 시를 외워 봅니다. 한 자리에서 다 외우기보다는 며칠에 걸쳐 반복하는 것이 쉽습니다. 대체로 1~2주 정도 매일 조금씩 반복해서 읽은 뒤 10분 정도 소리 내어 외우면 금세 외워집니다. 시 외우기 수행평가도 이런 식으로 준비하면 쉽게 해낼 수 있습니다.

시를 외울 때는 시와 자신을 연관 짓고 상상해야 합니다. 사랑하는 사람들과 멀리 떨어져 외롭게 지내는 사람의 아픔이 느껴진다면 자신이 그런 처지에 있다고 상상해 봅니다. 이미 그런 경험이 있다면 더 쉽게 마음에 와 닿을 것입니다. 그러나 경험이 없다고 해서 느낌조차 없는 것은 아니지요. 굳이 사랑을 경험해 보지 않아도 충분히 사랑을 느낄 수 있는 것처럼요.

다음은 백석의 「수라」 일부입니다.

수라修羅

거미새끼 하나 방바닥에 나린 것을 나는 아모 생각 없이 문밖으로

쓸어버린다

차디찬 밤이다

어니젠가● 새끼거미 쓸려나간 곳에 큰거미가 왔다

나는 가슴이 짜릿하다

나는 또 큰거미를 쓸어 문밖으로 버리며

찬 밖이라도 새끼 있는 데로 가라고 하며 서러워한다

이렇게 해서 아린 가슴이 싹기도●● 전이다

어데서 좁쌀알만한 알에서 가제●●● 깨인 듯한 발이 채 서지도 못한 무척 적은 새끼거미가 이번엔 큰거미 없어진 곳으로 와서 아물거린다

나는 가슴이 메이는 듯하다

(중략)

　찬찬히 읽기만 해도 어떤 풍경이 떠오르고 감정이 일어날 것입니다. 너무 빨리 읽으면 안 됩니다. 천천히 읽고 외우고 눈감고 생각하면서 장면을 상상해 봅니다.

● **어니젠가**　언젠가, 어느 사이엔가.
●● **싹기도**　삭기도. 긴장이나 화가 풀려 마음이 가라앉기도
●●● **가제**　갓, 방금

「수라」를 읽고 풀어쓰다

내가 방에 우두커니 앉아 있는데 거미, 작은 거미 하나가 다가온다.
방바닥에 있는 거미를 별 생각 없이 평소와 마찬가지로 문을 열고
밖으로 내보낸다. 지금처럼 아파트에 산다면 베란다 창을 열고 밖으
로 보냈다고 할 것이다. 물론 거미를 무서워하는 사람도 있고 그저
눌러 죽여야 할 벌레로 여기는 사람도 있을 것이다. 하지만 우리 조
상들은 거미가 사람을 해치는 벌레가 아니므로 살려서 밖으로 보내
주었다. 달리 깊이 생각하지 않고 종이에 떠서 거미를 밖으로 보내
준다.

그런데 문득 밖은 차가운 날씨다. 그것도 밤이다. 왠지 거미에게
안됐다는 생각이 든다. 조금 있다가 작은 거미가 왔던 곳에 또 거미
가 왔다. 이번에는 큰 거미이다. 아하, 아까는 새끼 거미였는데 이것
은 어미인 게로구나. 나는 가슴이 좀 아팠다. 짜릿하다. 이번에도 큰
거미를 창밖으로 내보낸다. 바깥은 춥다. 하지만 새끼 있는 곳으로
가는 것이 더 낫지 않을까 생각해 본다. 부디 새끼를 만나길. 마음이
아프다.

아픈 마음이 다 사그라지기도 전에 또 다른 거미가 나타났다. 이
제 막 좁쌀만 한 알에서 깨어난 듯 아주 작은 새끼 거미이다. 어찌나
연약한지 발로 제대로 서 있지도 못한 이 작은 것이 제 어미가 있던
곳이라고 와서 꼬물거린다. 이런 마음이 미어지는 듯하다. 안타까운

마음에 새끼에게 손을 내밀어 보지만 새끼 거미는 오히려 무서워서 뒷걸음질친다. 울고 불며 제 어미를 찾으리라.

　나는 이 어린 거미를 위해 보드라운 종이를 준비한다. 그리고 찬찬히 조심스레 그 종이 위에 거미를 올려놓는다. 문을 천천히 열고 밖으로 종이를 기울이며 생각한다. 이 가까이에 엄마와 누나, 형이 있다가 금방 만나야 할 텐데. 다들 걱정하고 있을 것인데. 어서들 만나기를. 마음이 아프다.

　이런 식으로 시를 감상하며 감정을 살려서 정리해 봅니다. 이제 그림을 그려 봅니다. 머릿속에 떠오르는 장면이 있나요? 시를 읽으면서 머릿속에 그림을 그릴 수 있어야 합니다. 그리고 그 그림을 자신만의 공책에다 그려 봅니다. 시를 옮겨 적으면서요.

　문득 거미가 무엇을 뜻하는지 궁금해질 겁니다. 여러분은 거미가 무엇을 의미하는 것 같나요? 한번 써 보세요.

　거미의 의미를 생각해 보는 것은 시를 감상하는 데 아주 중요한 작업입니다. 시를 외우고, 그림으로 그리고, 풀어서 쓸 때 우리의 생각은 어떤 방향으로 흘러갑니다. 그 방향은 결국 시인이 유도하는 곳이기도 하지요. 그리고 이런 물음들을 던집니다. '거미'는 무엇을 의미할까? '수라'라는 제목은 무슨 뜻일까? '나'는 왜 이렇게 따로 떨어져 있는 것일까? 차가운 밤이란 대체 뭘 말하나?

　이렇게 시의 숨겨진 의미를 찾는 일은 시를 외우고 느끼고 그려 본 다음에 해야 할 작업입니다. 시를 외우면서 운율을 느끼고 상상하면서 심상을 그려 보고, 이제 숨겨진 의미를 생각하면서 그 함축적 의미를 생각해 봅니다. 이런 일을 마친 뒤 시인의 생애와 시대에 대해서 알고 시인의 관심사에 대해서도 알아 봐야 합니다. 이 과정은 너무 빨리 들어가지 않는 것이 좋습니다. 시는 다양한 해석을 본질로 하는 예술이기 때문에 미리부터 생각을 고정시킬 필요는 없습니다. 시인에 대해서는 천천히 알아도 됩니다. 먼저 시를 충분히 사랑해 주세요.

　대체로 시집에는 시인에 대한 평가나 시에 대한 해설이 실려 있습니다. 시 모음집에는 해설 없이 시만 실리기도 합니다. 그러나 최근에는 시인에 대한 해설이나 시를 읽는 데 도움이 되는 글이 함께 실린 모음집이 제법 나와 있습니다. 학생들 수준에 맞는 시들을 모아 놓은 시집도 있습니다. 이런 시집을 읽을 때는 어떤 의도로 이런 시들을 엮었는지 엮은이의 의도를 파악해 봅니다. 그리고 이를 참고로 각자만의 시집을 만들어 보세요. 『내 마음 속의 시 100편』 등 마음껏 제목을 붙입니다.

희곡과 서사시, 신화 읽는 법

희곡은 직접 연극으로 공연하는 것이 가장 좋은 읽기 방법입니다. 그것이 어렵다면 직접 연기하듯이 감정을 실어 읽어야 합니다. 특히 등장인물을 잘 기억해야 헷갈리지 않습니다.

만일 셰익스피어의 희곡을 읽고 싶다면, 먼저 소설 또는 이야기로 풀어쓴 것을 읽어 보세요. 셰익스피어의 희곡은 생각보다 쉽고 재미있습니다. 다만 원래 성인을 대상으로 쓴 작품인 만큼 속된 말이나 야한 농담, 거친 장면도 종종 등장합니다. 시대의 한계가 있는 만큼 인종 차별적인 요소도 들어 있답니다. 그래서 어쩌면 어린 학생들이 읽기에는 적당하지 않을 수도 있습니다. 그러나 『베니스의 상인』, 『햄릿』, 『로미오와 줄리엣』, 『한여름 밤의 꿈』 등은 중학생이면 충분히 재미있게 읽을 만하지요.

서양 고전 중에 『오이디푸스』, 『안티고네』 등은 신화를 비극으로 재창조해 낸 것입니다. 주제가 상당히 어렵고 형식도 낯설지만 연극

1623년 2절판으로 처음 발행된 셰익스피어의 희곡 전집 속표지예요. 2절판은 서적 중 가장 큰 판형으로 중세시대 필사본이 거의 이런 크기로 돼 있답니다. 셰익스피어의 희곡은 생전에 19편 정도 발표됐고, 1623년 전집에는 총 35편이 실려 있어요. 속표지의 삽화는 셰익스피어의 초상으로 마틴 드루샤우트의 동판화입니다.

적 형태를 고려해 읽는다면 나름대로 재미있습니다. 『일리아스』, 『오디세우스』는 연극과 시의 중간 형태라는 느낌을 줍니다. 이런 것을 일종의 서사시라 하는데, 한 명의 시인이 여러 사람 앞에서 유창하게 읽어 주는 느낌을 잘 살리며 읽는 것이 핵심입니다. 책의 앞뒤에 실린 다양한 배경지식을 참고하면 좀 더 읽기 쉽습니다.

서사시나 신화는 우리나라에서 그다지 대중적인 분야가 아닙니다. 서양의 신화, 그중에서도 그리스 로마 신화가 최근 몇 년 사이 급격히 인기가 높아졌지만 원래부터 그랬던 것은 아닙니다. 덕분에 우리나라의 전통 신화와 서사시에 대한 관심도 높아졌고, 최근에는 우리 민간 신화를 되살린 이야기들이 속속 나오고 있습니다. 특히 『살아있는 우리 신화』(한겨레신문사)는 78명의 신을 되살려 내면서 25편의 우리 신화 이야기를 흥미진진하게 들려 줍니다.

자신을 버린 부모를 구하러 저승으로 떠나는 '바리' 이야기, 사랑을 위해 남장을 하고 거침없이 불구덩이에도 뛰어드는 '자청비' 이야기, 염라대왕도 잡아 오는 '강림도령' 이야기 등은 그리스 로마 신화 못지않은 우리의 영웅 이야기입니다. 우리 신화에도 헤라클레스처럼 초인적 힘을 쓰는 강림 도령이 있다는 사실을 알고 있습니까?

연못물이 어찌나 깊은지 몸이 물속으로 끝없이 빨려드는데 점점 더 숨이 막혀 왔다. 그렇게 얼마가 지났는지 갑자기 눈앞이 확 트이면서 커다란 문이 나타났다. 염라궁으로 향하는 연추문이었다. 문을 두드려도 반응이 없자 무안해진 강림도령은 문 앞에 태평하게 누워서 잠을 자기 시작했다. 얼마를 잤는지, 갑자기 문이 덜컥 열리면서 요란한 행차가 쏟아져 나왔다.

"염라대왕은 길을 멈추고 내 말을 들으시오. 나와 함께 이승으로 가야겠소."

"어떤 놈이 겁도 없이 감히 나한테 덤벼든단 말이냐!"

곧바로 염라대왕의 군사들이 강림도령에게 달려들었다. 이때 강림이 봉황의 눈을 부릅뜨고 청동 같은 팔뚝을 걷어 동곳 같은 팔 주

먹을 내놓고 소리를 벽력같이 지르며 한번을 펄쩍 뛰면서 메치니 염
라대왕 수백 군사가 순식간에 쓰러지고 흩어졌다. 강림도령이 염라
대왕의 가마채를 잡아서 뒤흔드니 염라대왕이 요람 속의 아이처럼
흔들리는 신세가 되고 말았다.

— 신동흔, 『살아있는 우리 신화』, 한겨레신문사

염라대왕이라면 저승을 다스리는 신이라고 할 수 있지요. 그런 신
에게 겁 없이 덤벼드는 강림도령 이야기는 우리 신화의 색다른 면을
보여 줍니다. 우리는 우리의 신화라고 하면 흔히 단군신화나 『삼국유
사』, 『삼국사기』의 건국 신화만을 떠올리지만 그런 공식적인 신화가
아닌 입에서 입으로 전해 오는 민간신화는 다양한 인물들을 내세워
우리 조상들의 생각을 다채롭게 보여 줍니다. 물론 여러분은 저자의
생각과 다른 해석을 할 수도 있습니다. 신화는 여러 가지로 해석할 수
있는 상상력의 보물창고이니까요.

공식적인 역사서이기도 한 『삼국사기』에도 여러 가지 신화적인 이
야기가 실려 있습니다. 『삼국유사』는 기이한 이야기가 좀 더 많은데,
분량이 짧다는 것이 아쉬운 점입니다. 예를 들어 고구려를 세운 동명
성왕의 이야기도 대략 2쪽 정도에서 끝납니다. 서양의 신화보다 짧
다는 생각에 뭔가 아쉬운데, 그런 아쉬움을 달래 주는 것이 이규보의
「동명왕 편」입니다.

고려의 문장가 이규보는 동명왕에 대한 이야기가 짧은 것이 안타

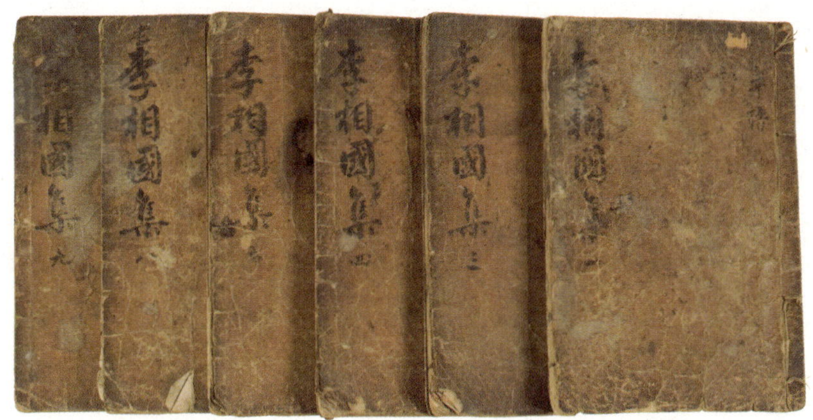

고려 시대 문인 이규보가 지은 시와 글을 모은 문집 『동국이상국집』의 표지예요. 모두 53권 13책인데 오늘날 전하는 판본은 18세기 영·정조 연간의 복각본(覆刻本)으로 여겨집니다. 이중 제3권에 「동명왕 편」이 실려 있어요.

까워서 당시의 자료를 바탕으로 총 282구에 해당하는 한문 서사시를 창작합니다. 그리고 한시는 표현이 압축적인 만큼 내용이 잘 전달되지 못할 것을 염려해 상세한 해설을 덧붙인 「동명왕 편」을 완성합니다. 덕분에 서양의 신화에 못지않은 우리의 신화가 생겼지요. 얼마나 달라졌는지 한번 비교해 보기 바랍니다.

그리스 신화도 따지고 보면 전승돼 오던 이야기를 호메로스나 오비디우스가 다시 정리하고 창작해 낸 것이지요. 현대에도 그런 작업은 계속되고 있습니다. 「동명왕 편」을 번역하는 것도 그런 작업의 하나일 것입니다.

우리 신화를 재해석한 책 가운데 『삼국유사―끊어진 하늘길과 계

란맨의 비밀』(너머학교)도 눈에 띕니다. 여러분이 익히 알고 있는 삼
국유사의 이야기가 어떤 배경에서 나왔고 어떤 의미가 있으며 어떻
게 해석될 수 있는지를 잘 보여 주는 책이랍니다.

12

역사서 읽는 법

가슴 뛰는 역사를 느끼고 싶다면

기원전 202년, 북아프리카로 건너간 청년 장군 스키피오는 10여 년
간 로마를 위협해 온 카르타고의 명장 한니발을 무찔렀다. 로마가
수백 년 동안 서부 지중해를 지배해 온 카르타고를 30년 만에 다시
굴복시킨 것이다.

— 전국역사교사모임 지음, 『살아있는 세계사 교과서』, 휴머니스트

로마의 역사에서 아주 격렬하고 화려했던 이야기 한니발 전쟁에
대해 역사 교과서는 이렇게 두 문장으로 요약하고 있습니다. 그에 비
해 시오노 나나미는 『로마인 이야기』 총 11권 가운데 한니발 전쟁 이
야기를 450여 쪽에 달하는 책 한 권에 정리하고 있습니다. 먼저 로마

와 카르타고가 다투게 된 배경부터 시작해 1, 2차 포에니 전쟁의 과정을 자세히 묘사합니다. 농업국가인 로마와 상업도 병행하는 카르타고의 경제적 차이와 문화 차이는 물론 두 나라의 정치와 군대 편제까지 소상히 설명하고 있습니다. 더불어 두 영웅 한니발과 스키피오의 얽히고설킨 인연도 소개합니다. 유명한 전투 장면들은 군대의 배치도까지 넣음으로써 사실성을 최대한 살렸습니다. 저자는 이 이야기를 몇 줄로는 도저히 요약할 수 없었다고 합니다. 역사는 머리가 아닌 가슴으로 느끼는 것이라면서요.

그러나 모든 역사를 이처럼 이야기로 읽는다면 도대체 얼마나 많은 책이 필요하겠습니까? 그래서 역사 교과서가 필요한 것이지요. 역사 교과서는 이야기의 중심을 잡는 뼈대 역할을 합니다. 역사서를 처음 읽을 때는 교과서적 설명과 이야기가 적당히 섞인 책을 읽기를 권합니다. 『교양 있는 우리 아이를 위한 세계 역사 이야기』(꼬마이실)나 『한국사 편지』(책과함께어린이) 같은 책들이 그런 경우입니다. 전체적인 뼈대를 잡아 주면서도 역사의 생동감을 느낄 수 있게 해 주지요.

본격적으로 역사를 탐구하려면 원전에 해당하는 책들을 읽어야 합니다. 역사의 원전들은 어려운 듯하지만 의외로 재미있는 책들이 많습니다. 대표적으로 『삼국유사』나 『삼국사기』, 『사기』 같은 책들이 그렇습니다.

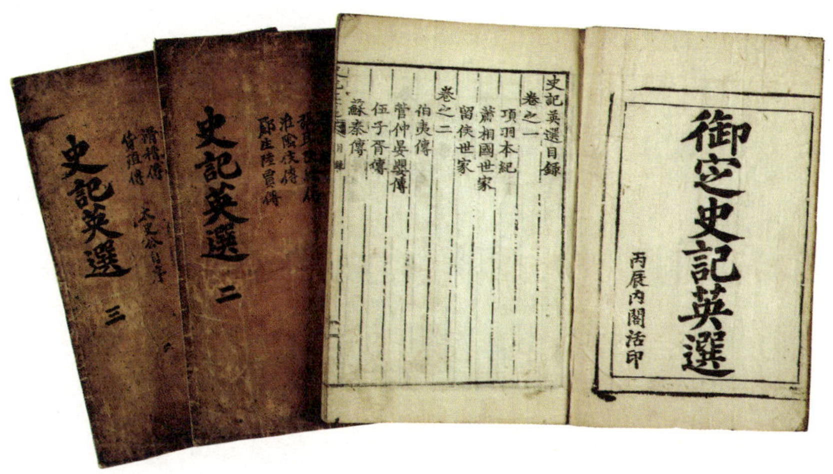

정조가 사마천의 『사기』, 반고의 『한서』 중에서 가려 뽑아 엮은 『사기영선』 표지와 본문입니다. 1796년(정조 20)에 간행됐지요.

어떤 사람은 이렇게 말했다.

"하늘의 이치는 사사로움이 없어 늘 착한 사람과 함께한다."

백이와 숙제 같은 사람은 착한 사람이라고 할 수 있지 않은가? 그러나 그들은 이처럼 어진 덕망을 쌓고 행실을 깨끗하게 했어도 굶어 죽었다.

또한 공자는 제자 일흔 명 중에서 안연만이 학문을 좋아한다고 칭찬했다. 그러나 안연은 늘 가난해서 술지게미와 쌀겨 같은 거친 음식조차 배불리 먹지 못하고 끝내 젊은 나이에 죽고 말았다. 하늘이 착한 사람에게 복을 내려 준다면 어찌 이런 일이 있을 수 있는가? 춘추시대 말기에 나타난 도적 도척은 날마다 죄 없는 사람을 죽이고 그들의 간을 날로 먹었다. 잔인한 짓을 하며 수천 명의 무리를 모아 제멋대로 천하를 돌아다녔지만 끝내 하늘에서 내려 준 자신의 수명을 다 누리고 죽었다. 이는 도대체 그의 어떠한 덕행에 의한 것인가?

최근 사례를 살펴보면 하는 일이 올바르지 않고 법령이 금지하는 일만을 일삼으면서도 한평생을 호강하며 즐겁게 살고 대대로 부귀가 이어지는 사람이 있다. 그런가 하면 걸음 한 번 내딛는 데도 땅을 가려서 딛고, 말을 할 때도 알맞은 때를 기다려 하며, 길을 갈 때는 작은 길로 가지 않고, 공평하고 바른 일이 아니면 떨쳐 일어나서 하지 않는데도 재앙을 만나는 사람의 수는 헤아릴 수 없을 만큼 많다. (이런 사실은) 나를 매우 당혹스럽게 한다. 만약에 이러한 것이 하늘의 도리라고 한다면 옳은 것인가? 그른 것인가?

— 사마천, 『사기 열전』, 김원중 옮김, 민음사

다소 한문 투의 어려운 단어가 많아서 어렵게 느껴지지만 이 책은 당시의 독자들에게는 살아 숨 쉬는 자료였을 것입니다. 『사기』의 사마천이 「백이 열전」에서 한 이 말은 지금 시대에도 결코 진부하게 느껴지지 않고 공감을 불러 일으킵니다. 역사책은 이런 느낌을 찾아내면서 읽는 것이 중요합니다.

교과서나 이야기 책, 정통 역사서 말고 또 다른 역사 자료는 없을까요? 당시의 상황을 생생히 보여 주는 기록물들이 있답니다. 임진왜란의 참혹한 역사와 교훈을 담은 『징비록』, 궁궐 안의 사건들을 내밀하게 보여 주는 『한중록』과 『계축일기』, 개인의 역사와 시대를 함께 보여 주는 『간디 자서전』이나 『백범일지』, 외지인의 눈으로 본 우리의 모습 『하멜 표류기』 등이 모두 역사 자료에 해당합니다. 또 당대의 젊은 지식인들이 사회문제를 해결하기 위해 쓴 『북학의』, 일기 형식의 기행문이지만 고전이라 일컬어지는 『열하일기』 등도 역사물로 읽기에 손색 없을 것입니다.

누구의 입장에 선 역사인가

역사는 사실에 대한 기록인 만큼 기록하는 자의 개인적 평가가 들어가기 마련입니다. 완전히 객관적인 기록은 가능하지 않습니다. 심지어 역사 교과서조차 누군가의 입장에서 쓰입니다. 지배자는 자신의 지배에 유리한 역사를 쓰기 마련이고 저항하는 자는 저항의 정당성을 말하기 위해 역사를 쓸 것입니다. 어떤 사실을 선택하고 어떤 사실을 기록하지 않을 것인가도 저자의 입장에 따르겠지요.

따라서 역사 서적을 읽을 때는 먼저 저자가 어떤 입장에서 기록하고 있는지 살펴야 합니다. 그리고 한 권만 읽고 판단할 것이 아니라 상반되는 입장의 책도 살펴본 뒤 전체적으로 생각해야 합니다. 어느 한 편만이 진실인지, 두 가지 모두 진실인지는 순전히 독자가 판단할 몫이지요.

예를 들어, 이규보가 그토록 중요하게 여긴 동명왕의 사적은 고구려를 중시하는 고려의 전통적 역사관에 부합합니다. 고려가 고구려를 계승했다고 밝혀 왔음에도 불구하고 김부식은 신라본기를 맨 처음에 놓음으로써 고려와 신라의 연관성을 크게 강조했습니다. 김부식은 고구려와 관련된 자료를 많이 정리한 인물임에 틀림없지만, 그의 역사관이 신라에 치우쳐 있다는 것은 부정할 수 없는 사실이지요. 김부식의 『삼국사기』는 이 점을 고려해 읽어야 합니다.

이런 문제점을 그나마 해소할 수 있는 것이 역사 교과서입니다. 역사 교과서는 여러 입장을 수용해야 하고 작업이 집단적으로 이루어지는 만큼 어느 정도 균형을 유지할 수 있습니다. 그러나 교과서라 할지라도 한 쪽 입장을 좀 더 강조할 수 있기 때문에 한 권 만이 아니라 여러 종류를 보면서 객관적인 시각을 갖출 필요가 있습니다. 그러고 나서 다양한 역사적 자료들을 읽으면 편향된 의견이 없는지 스스로 확인할 수 있겠지요.

모든 역사서는 객관적 사실을 전달하는 것처럼 말하지만 사실은 역사가의 시각에 따라 선택된 사료들만 제한적으로 제시됩니다. 즉 역사가는 자신의 견해를 독자에게 전달하기 위해 최대한 설득력 있는 방식으로 역사적 자료를 편집하는 것이지요. 김부식뿐만 아니라 조선의 사대부들도 그랬습니다. 조선 건국의 정당성을 확보하기 위해 고려의 역사를 아예 새로 써냈지요. 일제 강점기에는 일본의 구미를 맞추려고 우리 역사의 문제점을 파헤치는 연구가 한창이었습니다. 그래서 조선 역사는 나라를 망하게 하는 당파싸움만이 강조되었지요.

그러나 부정적인 역사가만 있는 것은 아닙니다. 훌륭한 역사가도 있습니다. 때로는 역사가의 시각에 따라 선택된 역사적 사건과 그 해석이 사건 자체보다 더 오래도록 우리에게 감동을 주기도 합니다. 투키디데스가 서술했던 아테네와 스파르타의 전쟁은 끝난 지 2천 년이 넘었습니다. 그 전쟁의 영향이 지금까지 남아 있을 리 없지요. 하지만 그가 해석했던 전쟁의 교훈은 또 다른 역사가나 정치가들에게 큰 영향을 주었고 지금도 큰 울림을 주고 있습니다. 마찬가지로 사마천이 궁형을 당하면서 써 내려간 역사의 교훈은 한무제의 업적보다도 더 큰 영향력을 후세에 남겼습니다.

많은 사람들이 역사가가 서술한 과거의 역사에서 교훈을 얻고 역사가의 분석에 따라 현실을 판단하고 새로운 지혜를 얻곤 합니다. 그래서 역사는 단지 과거의 사실만이 아니라 과거에 대한 해석이며 해석을 통한 새로운 실천이라고 할 수 있습니다.

개인의 역사, 자서전 읽는 법

개인의 생애를 다룬 자서전을 통해서도 역사를 읽을 수 있습니다. 물론 자서전은 사회 전체의 역사가 아니라 한 개인의 일생이므로 일반적인 역사서와는 차이가 있지요. 그러나 자서전에는 다른 역사서에서는 볼 수 없는 다사다난한 삶이 적나라하게 펼쳐집니다. 중요한 사건 정보나 해설은 부족할지 몰라도 평범한 개인의 삶을 통해 그 시대를 생생히 느낄 수도 있습니다.

자서전은 한 개인으로서의 번민과 갈등, 현실적인 생활상의 어려움이 숨김없이 드러납니다. 역사책에서는 결코 볼 수 없는 내용이지요. 이는 현실을 살아가는 독자들에게 많은 공감대와 깨달음을 줍니다. 특히나 역사서에서는 한 줄로 취급될 뿐인 역사적 사건과 인물에 대해 자서전에서는 좀 더 세밀하게 들여다볼 수 있습니다. 인도의 비폭력운동을 이끈 간디에 대해 잘 알고 싶다면 그의 자서전을 읽어야 합니다. 거기에는 위대한 인물 간디만이 아니라 한 가정의 아버지이자 남편, 그리고 연약한 마음을 지닌 한 인간의 모습이 솔직 담백하게 서술되어 있습니다.

우리가 잘 알듯이 간디는 인도의 위대한 지도자이자 사상가입니다. 깨끗하고 순수한 마음으로 사람들을 이끈 고결한 사람이지요. 그런 그에게도 어두운 과거가 있었습니다. 어른들 몰래 담배를 피우고, 담배를 사기 위해 하인의 돈을 훔치기까지 합니다. 그의 고백을 직접 들어 봅시다.

그러나 그보다 더 심한 도둑질은 좀 더 후에 내가 저지른 것이었다. 내가 동전을 훔친 것은 열두세 살 아니면 그보다 더 어릴 때의 일이었다. 그 다음 도둑질은 열다섯에 저지른 것이다. 이번에는 육식하던 형의 팔찌에서 금 한 조각을 훔쳐냈다. 그 형은 팔에 순금 팔찌를

끼고 있었다. 거기서 한 조각을 떼어내는 것은 그리 어렵지 않았다.

어쨌든 나는 도둑질을 했고, 빚은 청산이 됐다. 그러나 나는 도저히 견딜 수가 없었다. 다시는 도둑질을 하지 않기로 결심했다. 그리고 그것을 아버지에게 자백하기로 결심했다. 그러나 차마 말을 할 수가 없었다. 아버지가 때릴까 봐 무서워서가 아니었다. 아니, 아버지가 언제 우리에게 매질을 했는지 나는 기억하지 못한다. 나 때문에 아버지가 당할 고통이 두려워서였다. 그러나 나는 두려움을 무릅쓰고라도 해야 된다고 생각했다. 깨끗한 자백 없이 결백해질 수가 없다고 생각했다.

나는 마침내 자백서를 써서 그것을 아버지에게 바치고 용서를 빌기로 작정했다. 나는 종잇조각에 그것을 써서 내 손으로 아버지에게 바쳤다. 글 속에서 나는 내 잘못을 자백했을 뿐만 아니라 거기에 대해 적당한 벌을 달라고 했고, 내 죄 때문에 아버지 자신을 벌하지는 말아 달라는 말로 끝을 맺었다. 나는 또 앞으로는 절대로 도둑질을 하지 않겠다고 맹세했다.

아버지에게 자백서를 바칠 때에 나는 벌벌 떨었다. 그때 아버지는 치루로 고생을 하고 계셨으므로 침대를 떠나지 못했다. 그의 침대는 평평한 나무판자였다. 나는 종잇조각을 드리고 판자 맞은편에 앉았다.

그가 그것을 다 읽었을 때 구슬 같은 눈물이 두 뺨을 흘러내려 종이를 적셨다. 그는 잠시 동안 눈을 감고 생각한 다음 종이를 찢어 버렸다. 그리고 글을 읽기 위해 일어나 앉았던 몸을 다시 침대에 눕혔다. 나도 울었다.

— 간디, 『간디 자서전: 나의 진리실험 이야기』, 함석헌 옮김, 한길사

이후에도 간디는 간간이 잘못을 저지르지만 그때마다 반성하고 다시는 실수하지 않겠다고 다짐을 합니다. 그러면서 점차 '위대한 영혼'으로 발전합니다. 『간디 자서전』에는 평범한 사람이 점차 자신을 발전시켜 나간 과정이 아주 진솔하게 드러나 있습니다. 그러나 아무리 솔직하게 썼다 해도 개인의 기억은 왜곡이 전혀 없을 수 없지요. 역사적 정확성을 굳이 따지고 싶다면 자서전과 함께 평전을 읽어야 합니다. 평전은 전기 작가가 저술한 것으로 객관적 자료에 근거해 엄밀히 서술됩니다. 역사 기록보다는 저자의 주관성이 개입되지만 자서전보다는 좀 더 객관적이지요. 간디의 경우도 여러 권의 평전이 나와 있습니다.

백범의 기록도 『올바르게 풀어쓴 백범일지』(너머북스)처럼 자서전과 평전을 두루 갖춘 책이 있습니다. 이 책은 별도의 해설을 두어 사실의 오류를 지적하거나 인물과 개념을 설명해 주고, '깊이 읽기'를 통해서 논쟁적인 문제나 시대적 배경에 대해 자세히 알려 주고 있습니다. 또 희귀한 사진이나 당시의 풍습을 보여 주는 자료, 지도 등이 첨부돼 있습니다. 더불어 『백범일지』의 행간의 의미를 해설하기도 합니다.

김구 선생님의 『백범일지』를 배경식이 풀어 쓴 『올바르게 풀어쓴 백범일지』(너머북스, 2008)의 표지 사진이에요. 이 책은 김구 선생님이 쓴 초판본을 최대한 되살리면서 상세한 해설도 덧붙였답니다.

충무공에 대한 특별한 애정과 동학과의 결별 – 백범이 삼남지방을 방랑하면서 충무공의 연고지나 의병들의 유적지에 특별한 관심을 가지는 것은 그의 반일 사상을 잘 보여 주는 대목이다. 특히 아직 유적 정비가 이루어지기도 전에 현충사가 있는 아산시 염치읍 백암리를 방문한 것을 비롯하여 해남에서 배를 타고 들어가야만 하는 고금도까지 갔다는 것은 백범의 이순신에 대한 각별한 애정을 말해 준다.〈중략〉

그런데 동학농민군의 지도자로서 해주성 공략에 앞장섰던 백범이 동학농민운동의 '성지'인 전라도 일대를 두루 돌아다니면서도 동

일반적인 자서전에서는 좀처럼 보기 어려운 이런 자료들을 통해
자서전을 좀 더 다양한 시선으로 살펴볼 수 있습니다.

자서전과는 좀 다르지만 읽어 둘 만한 역사적 기록들을 소개하겠
습니다. 1600년대 조선에 표류했던 네덜란드인 하멜이 조선에서 경
험한 것을 기록한 『하멜 표류기』는 당시 조선의 모습이 외국인에게
어떻게 비쳤는지 알게 해 줍니다.

임진왜란에 대한 역사적 기록과 반성을 담은 『징비록』에는 전쟁을
대하는 임금과 관리들, 백성들의 상황이 적나라하게 드러납니다. 용
맹하지만 무모한 장수가 얼마나 많은 사람들을 위태롭게 하는지도
알게 됩니다.

시간이 늦어져 병사들이 건너고 보니 이미 동이 터 오고 있었다. 그러나 적은 일어나지 않은 상태였다.

드디어 1진이 공격을 시작하자 잠을 자던 적들은 놀라 허둥거리기 시작했다. 우리 군사들은 많은 적의 목을 베었으며 말 3백 필도 빼앗았다. 그러나 안타깝게도 사병 임욱경을 잃고 말았다. 남보다 앞서 적진에 뛰어들었던 그는 결국 적에게 당했던 것이다.

시간이 지나자 갑자기 여기저기 주둔하고 있던 적들이 순식간에 몰려 왔다. 우리 군사들은 되돌아 배로 달려 왔다. 그러나 적들이 몰려 오는 모습을 본 선원들은 배를 육지에 대지 않았다. 결국 배를 기다리던 우리 군사들은 뒤쫓아 온 적에게 밀려 물에 빠져 죽은 사람이 부지기수였다. 나머지 군사들은 왕성탄을 건너 도망쳐 왔다.

이 모습을 본 적병들은 왕성탄 부근 강이 얕다는 사실을 깨닫고는 이리로 강을 건너기 시작했다. 그러자 강을 지키던 우리 군사들은 활 한 번 쏘아 보지 않고 달아나기에 바빴다. 강을 건너 온 적은 혹시 성 안에 누군가가 남아 있을지도 모른다는 생각에 조심스레 접근하고 있었다.

다음날 성 앞까지 진군한 왜적들은 모란봉에 올라 오랫동안 성을 관찰했다. 드디어 성이 비어 있음을 알게 된 적군은 평양성에 입성한 것이다.

— 류성룡, 『징비록』, 김흥식 옮김. 서해문집

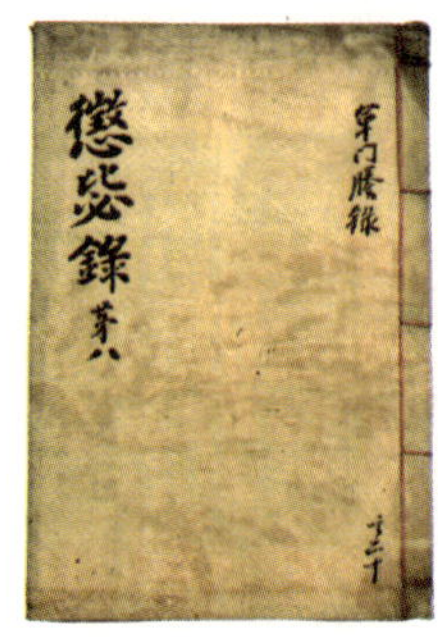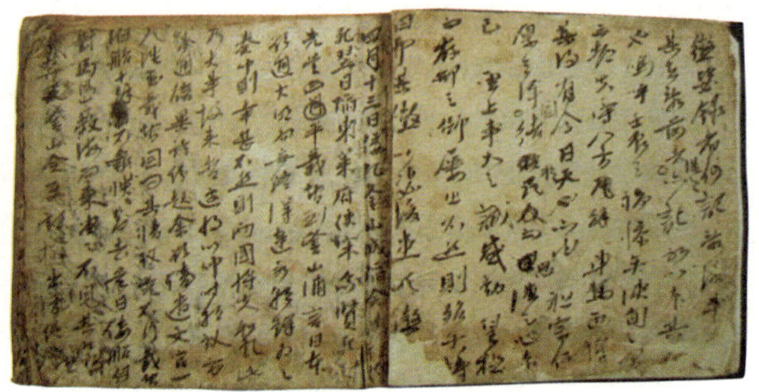

조선시대 영의정을 지낸 류성룡의 『징비록』은 1592~1598(선조 25~37)년의 기록으로 1604년(선조 37) 완성됐어요. 국보 제132호로 지정돼 있고 사진은 류성룡의 필사본입니다.

류성룡은 『징비록』을 통해 자신의 잘못으로부터 일어난 조정 내의 분란, 임금에 대한 백성의 원망 등 임진왜란과 관련된 일들을 빠짐없이 기록합니다. 후손들에게 교훈을 주기 위해 역사를 기록한다는 입장에 충실한 것이지요. 그가 전해 주는 역사의 교훈을 통해서 오늘날의 정치 현실을 들여다보는 것도 역사책을 읽는 좋은 방법입니다.

역사 교과서 읽는 법

역사 교과서는 여러 저자의 공동 작업의 결과물인 만큼 좀 더 객관적일 수 있습니다. 다소 글이 건조하고 간결하지만, 대신 다양한 사진과 그림, 도표 등을 넣어 독자가 지루하지 않도록 배려합니다. 이런 교과서적인 역사를 읽을 때는 다양한 보조 자료를 눈여겨봐야 합니다. 의미 없는 자료는 없다고 봐야지요. 역사 교과서는 어디까지나 시험을 대비하는 것이니 만큼 이 점을 염두에 두고 그림, 사진, 도표까지 꼼꼼히 읽어야 합니다.

일단 처음부터 끝까지 한 번 통독하면서 전체적인 내용이 어떤지 살펴보세요. 각 장별로 제목과 부제를 설정하고 중요 내용을 요약하면서 읽어 갑니다. 한 번에 요약하기 어려우면 3회 정도 반복해서 읽고 중요 내용을 정리해 봅니다. 일정한 시간을 두고 반복해 암기하는 것도 좋습니다.

역사는 외워야 할 것이 너무 많고 도통 감을 잡을 수 없다고 하는 학생들이 있습니다. 역사 교과서나 학습지를 통째로 외워서 만점을 받는 학생도 있지만 그렇게 외우는 것은 쉬운 일이 아닐뿐더러 재미도 없습니다. 게다가 그런 방법은 역사의 본래 취지와도 거리가 멉니다. 과연 재미를 잃지 않으면서도 역사의 교훈을 얻을 수 있는 독서법은 없을까요?

역사 교과서는 자신이 현재 읽어야 할 책보다 낮은 수준의 책부터 시작하는 방법을 추천합니다. 낮은 단계의 책부터 읽고 기본 개념을 정립하면 흥미가 붙고 어느덧 높은 수준의 책을 읽을 수 있습니다. 물론 시간이 좀 걸리는 것이 흠이긴 하지요. 중학생이라면 초등용 책부터 시작해야 하니 몇 달이 걸릴지도 모릅니다. 중요한 인물과 사건, 핵심을 차근차근 정리하면서 이야기 역사로 흥미를 붙이는 것도 좋은 방법입니다. 그리고 어느 정도 수준이 되면 교과서에 근접한 교양서를 읽으면서 체계적으로 정리합니다.

최근에는 생활사나 문화를 중심으로 서술한 역사책도 나오고 있습니다. 철학이나 경제의 역사도 있고, 과학과 예술 같은 특정 분야의 역사책도 있지요. 그뿐 아니라 특정 시기를 중점적으로 다루거나 특이한 현상과 사물을 중심으로 서술한 역사서도 있습니다. 물론 다양한 역사서를 읽을 때도 사건들의 인과관계나 상호 연관성을 잘 따져 봐야 합니다.

> **역사책 읽을 때 주의할 점**
> - 교과서적 설명과 이야기가 적절히 섞인 책을 고른다.
> - 완벽히 객관적인 서술은 없다. 역사가의 입장을 먼저 파악한다.
> - 자서전은 역사책이 놓친 개인의 삶을 읽을 수 있다. 자서전보다는 평전이 좀 더 객관적이다.
> - 역사가 너무 어렵다면 지금보다 낮은 수준의 역사 교과서를 읽는다.

13

과학서와 수학서 읽는 법

쉬지 않은 과학과 수학, 목표 설정이 중요하다

최근 과학과 역사, 수학에 대한 교양서로 이야기를 엮어서 쓴 책들이 많이 나오고 있습니다. 참신한 등장인물들과 함께 학생들이 꼭 알아야 할 교양 지식을 재미있게 풀어서 쓴 책들이 많습니다. 그런데 매우 흥미롭다는 독자도 있지만 의외로 어려움을 호소하는 독자들이 적지 않습니다. 지식과 이야기가 섞이면서 중심 내용을 파악하기가 더욱 어려워졌기 때문이지요. 교양 지식을 이해하는 것도 쉽지 않은데 줄거리와 사건까지 이해해야 하니 배보다 배꼽이 더 커진 셈입니다. 과학이든 역사든 이런 종류의 교양서를 읽을 때는 배꼽보다는 배에 신경을 써야 합니다. 재미있고 익살스런 장면 뒤에 숨어 있는 요점을 놓치면 안 됩니다. 부분적으로 요점을 정리하면서 읽으면 더욱 좋습니다.

『엘러건트 유니버스』는 1999년 브라이언 그린이 쓴 과
학 서적이에요. 물리학자인 저자가 일반인을 대상으로
쓴 현대 물리학 서적이죠. 상대성 이론이나 양자론 등 끈
이론에 도달하기까지 물리학 역사를 쉽게 풀어썼답니다.
국내 번역서는 2002년 승산출판사에서 출간됐습니다.

사실 과학을 다룬 대중 교양서는 결코 쉽다고 할 수 없지요. 쉽기는
커녕 대체로 어렵습니다. 특히 현대 과학을 해설한 책들은 전문가들
이나 이해할 수 있는 난해한 개념들과 공식들을 포함하는 경우가 많
지요. 『엘러건트 유니버스』나 『e=mc²』처럼 상대성 이론이나 양자역
학, 빅뱅이론에 대한 대중적인 해설서들이 많이 나와 있지만 실제 이
론을 들여다보면 상당히 복잡한 수식을 통해서 증명되고 활용됩니다.
대중적인 해설서들은 그런 복잡한 과정을 싹 빼고 직관을 통해서 이
해되는 부분을 중심으로 설명합니다. 적당히 비유를 들거나, 너무 어
려운 부분은 생략하면서 말이지요. 실제로 과학 이론 자체를 제대로
증명하고 이해하는 것은 쉬운 일이 아닙니다. 과연 수식으로 가득 찬
논문 수백 쪽을 일반인이 이해할 수 있도록 쉽게 해설하는 것이 가능

한 일일까요?

 과학 서적을 읽을 때 목표로 해야 할 것은 그 이론에 대한 전반적인 이해이며, 그 이론이 왜 중요한지, 어떤 영향력을 끼치고 있는지 정도를 파악하는 것입니다. 지나치게 높은 목표보다는 달성 가능한 목표를 세우는 것이 중요합니다. 수식이 많이 포함된 과학책을 읽을 때는 어느 정도는 건너뛰어도 됩니다. 그 이론을 완전하게 이해하는 것은 정말 어려운 일이니만큼 대략적인 이해를 목표로 세웁니다.

과학은 불변의 지식이 아니다

우리의 지적 수준에 부합하는 과학 교양서가 전혀 없지는 않습니다. '머피의 법칙'처럼 특별한 법칙이나 동물들의 '특이한 생태'에 대한 재미있는 이야깃거리를 소재로 다루고 있는 과학 교양서는 유익하면서도 쉽게 읽히지요. 이런 과학 서적은 저자의 친절한 설명을 그대로 따라가면 됩니다. 그 이론의 진위는 우리로서는 확실히 알기가 어렵습니다. 다만 저자의 해설을 살펴보고 나름대로 판단해 볼 수는 있겠지요.

 예를 들어 생물학에서 적용되는 적자생존 이론이 인간사회에도 적용된다거나 반드시 적용돼야 한다고 주장한다면 우리는 반박할 수 있습니다. 그리고 좀 더 관심 있는 주제에 대해 찾아볼 수도 있을 것입니다. 『정재승의 과학 콘서트』(어크로스)에서 저자는 다음과 같은 이야기를 하고 있습니다.

이 책은 복잡한 사회 현상의 이면에 감춰진 흥미로운 과학 이야기들을 독자와 함께 나누기 위해 쓰였다. 나는 독자들이 이 책을 읽고 경제, 사회, 문화, 음악, 미술, 교통, 역사 등 다양한 분야에서 전혀 상관없어 보이는 사회 현상들이 서로 밀접하게 연관돼 있으며, 카오스와 프랙탈, 지프의 법칙, 1/f 등 몇 개의 개념만으로 그 모든 현상들이 그럴듯하게 설명된다는 사실에 깜짝 놀라길 바란다. 그리고 그것이 우리 삶에 어떤 물음을 던지는지 함께 토론하고 고민하길 원한다.

특히, 이 책에 실린 글들 중에서 흥미로운 주제들에 대해 그 안에 인용된 논문을 읽어 보거나 인터넷 웹 페이지에 들어가 보길 간절히 바란다. 이 부분은 책을 쓰면서 특별히 신경 썼던 부분이기도 한데, 그것은 이 책에 실린 과학적인 사실들이 몇 백 년 동안 검증 받아온 불변의 지식이 아니라, 「네이처」나 「사이언스」 같은 과학 저널에 실린 최근 논문들에 담긴 내용이기 때문이다. 과학은 우리와 동시대를 살아가는 과학자들의 '논쟁적이며 때로는 주관적일 수도 있는' 주장들에 다름 아니다. 그들이 어떤 문제에 관심을 갖고 연구하고 있으며 그 문제를 해결하기 위해 어떤 노력을 하고 있는지, 또 우리에게 아직 남아 있는 문제는 무엇인지 함께 생각해 봤으면 좋겠다.

— 정재승, 『정재승의 과학 콘서트』, 어크로스

저자는 이 말을 한 뒤 '케빈 베이컨 게임'이나 '머피의 법칙' 등을 소개하고 있습니다. 간혹 어려워서 따라가기 힘든 내용도 있지만 다양한 소재가 있는 만큼 쉽게 이해되는 부분도 있습니다. 이런 책은 모든 주제를 다 이해하려고 하지 말고 쉽게 이해되는 것 위주로 읽는 것이 핵심입니다. 그래도 충분히 얻는 것이 있습니다. 그리고 호기심이 생기는 것에 대해 더 깊이 공부하는 것, 그것이 바로 자기주도 학습이지요.

또 다른 종류의 과학 서적으로 우리도 충분히 생각하면서 읽을 만한 대중서가 있습니다. 리처드 도킨스의 『이기적 유전자』, 레이첼 카슨의 『침묵의 봄』, 『우리를 둘러싼 바다』 같은 책은 여러분도 충분히 읽을 수 있습니다. 또한 현대의 과학자들이 청소년을 위해서 간략히 요약하고 문제를 제기하는 논술용 과학서들도 충분히 읽을 만합니다.

이런 과학서를 읽을 때는 분석하며 읽기를 적용하면서 요약하며 읽으면 됩니다. 저자가 말하려는 것이 무엇인지, 무엇을 대상으로 어떤 설명을 하는지 정리하고 남에게 설명할 수 있을 정도로 읽습니다. 그리고 자신이 알게 된 사실과 함께 새롭게 떠오른 의문과 탐구 주제를 메모해 둡니다. 이는 언젠가 새로운 연구 주제가 될 수도 있습니다.

예를 들어 비닐은 썩지 않아 환경오염을 일으킨다는 내용이 있으면, 왜 비닐이 썩지 않는지, 과연 썩는 비닐은 개발할 수 없는지, 썩는 비닐을 만들면 새로운 문제가 생기지 않는지, 비닐만을 소화시키는 미생물은 없는지를 생각해 보는 것이지요. 그러다 보면 새로운 연구 주제가 떠오를 수도 있습니다.

과학 교과서 읽는 법

최근 중고등학교 과학 교과서는 기존의 관행을 깨고 꽤나 재미있는 편집으로 독자의 관심을 사로잡으려고 합니다. 사회, 역사 교과서들이 지식의 전달에 초점을 두고 중요한 정보를 나열하는 것에 비해 과학 교과서들은 과학 탐구에 초점을 두고 다양한 구성을 시도합니다. 탐구 주제를 흥미롭게 제시함은 물론 지식을 전달하는 방식도 다채롭습니다.

중2의 '물질의 구성' 단원을 예로 들어 보겠습니다. 화학 원소 기호들을 달달 외워야 하는 단원이지만, 뜻밖에 처음부터 세잔의 그림이 등장합니다. 세잔의 그림 속에는 오렌지와 사과가 있고, "이것들은 무엇으로 이루어졌을까?"라는 질문을 던집니다. 이어서 총 14장으로 이루어진 목차가 이어집니다. 좀 길지만 인용해 보겠습니다.

1. 물질을 구성 성분으로 나누면 순간 이동이 가능해질까?

2. 만물의 근원은 물이다?

3. 칼로 물 베기-물을 쪼갤 수 있을까?

4. 모든 것은 기호다

5. 화학의 가나다라, 주기율표

6. 주기율표와 친해지기

7. 금속과 비금속은 어떻게 구분할까?

8. 불꽃색을 띠는 원소

9. 금속 원소들의 화려한 축제

10. 되살아나는 원자설

11. 원자는 더 나눌 수 없을까?

12. 주기율표 속의 비밀

13. 원자는 어떻게 이온이 될까?

14. 이온이라고 다 같은 이온이 아니네?

—유준희 외, 『중2 과학 교과서』, 천재교육

총 46쪽에 걸친 단원인데 목차만 봐도 뭔가 대단히 흥미롭습니다. 이렇게 잔뜩 부푼 호기심으로 본문에 들어가 봤더니 다양한 그림과 사진 자료들, 적절한 질문들이 배치돼 있습니다. 순간 이동이 등장하는 영화와 사진 자료들이 소개되며 질문이 나옵니다. "순간 이동을 위해 우리 몸을 구성하는 성분을 작은 단위로 나눈다고 할 때, 어느 단위까지 나눠야 할까?"

그리고 나서 "물을 이루는 물질은 무엇일까?"라는 실험이 나옵니다. 실험을 통해서 물질을 실제로 나눠 보자는 것이지요. 그 다음, 순간 이동을 소재로 한 과학 글쓰기를 하게 됩니다. 여기까지가 물질이 어떻게 이루어져 있는지 생각하는 활동에 해당합니다. 이전에 생각하지 못했던 것들에 대해 관심과 호기심을 불러일으키면서 과학자처럼 새로운 시각으로 사물을 보게 하는 것이지요. 모든 교과서에 배경 지식을 활성화시키는 부분이 있지만 과학 교과서에는 이 부분이 특히 강조됩니다. 호기심을 갖는 것이 과학의 출발이기 때문이지요.

이후에는 단원의 학습목표에 맞게 '물질의 구성'에 대한 지식을 배웁니다. 과학 교과서의 본문은 대체로 흥미를 불러일으키는 사례가 먼저 제시되고 질문이 이어집니다. '…은 어떻게 구성되어 있을까? …은 정말 존재할까? …은 어떻게 증명할 수 있었을까?'라는 식이지요. 이런 질문은 다음에 설명할 내용이 무엇인지를 알려 줍니다. 여러분은 이 부분을 읽으면서 다음의 내용은 '…은 구성, 존재방식, 증명 과정'이라는 것을 기억해 두어야 합니다.

다음으로 체계적인 설명이 이어집니다. 과학 교과서의 특성상 특정 개념의 정의, 상세한 설명, 예시, 그림 또는 사진 자료의 제시, 분류와 비교, 대조 등을 보여 줌으로써 이해를 돕고자 합니다. 그중에서 가장 중요한 것들은 보통 진한 글씨로 강조됩니다. 여기서 여러분이 눈여겨보아야 할 것은 예로 든 개념, 그림 또는 사진으로 보여 준 핵심 개념입니다. 개념의 이해가 과학 공부의 절반이라고 보면 됩니다.

라부아지에는 물을 수소와 산소로 분해하고, 수소와 산소로부터 물을 합성하는 실험을 통해 물이 4원소 중의 하나가 될 수 없다는 점을 증명하였다. 이로부터 실험적으로 **더 이상 분해되지 않는 물질**

물을 전기분해하면 수소와 산소로 나누어지지만, 수소와 산소는 더 이상 다른 물질로 나누어지지 않는다. 따라서 물을 구성하는 기본적인 원소는 수소와 산소이다.

— 출처: 앞과 같음

여기서 가장 중요한 내용은 무엇일까요? 물이 산소와 수소로 분해된다는 것도 중요하고 라부아지에가 4원소설을 반박했다는 것도 중요하지만, 가장 중요한 것은 진한 글씨로 강조된 부분입니다. **더 이상 두 가지 이상의 다른 물질로 나누어지지 않는 것을 원소라고 한다**는 내용이지요. 이후 물질을 이루는 기본 성분인 원소와 원소기호, 그리고 주기율표가 설명됩니다.

원소는 독특한 불꽃 반응과 스펙트럼을 지니며, 주기율표상에 일정한 위치를 차지하고 있다는 것을 배우게 되는데 이는 과학의 개념을 적용한 일반 원리라고 할 수 있습니다. 과학 교과서에서 개념의 정의 다음으로 중요한 것은 일반적 원리, 법칙의 이해입니다. 과학은 모든 구체적 현상의 이면에 있는 원리를 찾아내는 것이 목표이므로 이 부분은 과학 공부의 나머지 절반이라고 할 수 있습니다. 이 부분은 모든 과학 교과서에서 반복적으로 다루고 있고 다양한 그림과 표로 해설하고 있습니다. 목차에 주기율표라는 말이 세 번이나 나오는 것은 결코 우연이 아닙니다.

 자 이제 문제를 하나 내 보겠습니다. 앞의 목차를 다시 살펴보면 여러분이 알아야 할 중요한 개념이 아직 남아 있음을 깨달을 것입니다. 그것은 과연 무엇일까요?

그렇습니다. '**원자와 이온**'을 잘 살펴봐야 합니다. 미리 생각해 두면서 읽고, 이후에 다양한 탐구와 되짚어 보기, 실험, 게임 등을 통해서 과학 지식을 재미있게 즐기도록 합시다. 요즘의 과학 교과서는 다양하고 흥미로운 과학 지식을 풍성하게 제시하고 있어서 재미로 읽기에도 좋습니다. 정확한 과학 지식의 이해와 과학적 탐구 태도를 습득하는 것은 과학 교과서의 의도이기도 하지요.

좀 더 깊이 있게 과학을 공부하고 싶은 경우 중학생이 고등학교 참고서를 읽거나 대학 교재를 보기도 합니다. 이 경우 혼자서 소화하기가 쉽지 않지만 물리에 대한 기본 지식이 있다면 『수학 없는 과학』(럭스 미디어), 『수학으로 배우는 파동의 법칙』(Gbrain) 등을 추천합니다.

『수학 없는 과학』은 보통의 참고서와는 구성이 좀 다릅니다. 대개 참고서들이 간단한 개념 설명과 확인문제, 평가문제 위주로 이루어진 데 반해, 이 책은 개념을 훨씬 중요하게 다루고 있습니다. 특히 간단한 예제에는 답이 있지만 연습문제에는 답이 없습니다. 이 책의 저자는 과학을 즐기라고 말합니다. 생각하고 탐구하는 과정을 그저 즐기라고 말이지요.

『수학으로 배우는 파동의 법칙』은 매우 독특한 책입니다. 우선 '트

2010년 GBRAIN에서 번역 출간된 『수학으로 배우는 파동의 법칙』 표지예요. 원서는 1988년 일본에서 『푸리에의 모험』이라는 제목으로 발행됐답니다. 저자는 일본의 TRANSITIONAL COLLEGE OF LEX라는 연구 모임인데 언어와 인간을 자연과학적으로 탐구하는 데 몰두한다고 합니다.

래칼리(Transitional College of Lex)'라는 저자부터 특이해요. 트래칼리란 7개 언어를 자연적으로 습득하는 프로그램에 참여하는 일본의 과학 연구 모임으로 구성원들은 고등학교 졸업 이상의 다양한 연령과 직업군에 있다고 합니다. 이들은 과학이나 수학도 결국은 언어의 하나이므로 아이가 언어를 습득하듯 자연스럽게 습득할 수 있다고 생각합니다. 그래서 단계적인 공부보다는 전체를 살펴보는 것을 강조합니다. 만일 단계적으로 공부하다가 어려운 부분에 부닥치면 거기서 공부가 끝나 버릴 수도 있겠지만, 전체를 파악하는 것을 목표로 한다면 일단 통독이 중요하지요.

이처럼 과학 서적은 매우 다양한 수준이 있는 만큼 자신의 수준과

요구에 맞는 책을 선택하는 것이 무엇보다 중요합니다. 적절한 수준의 책을 고르면 먼저 그 책의 핵심 개념을 잘 찾아내야 합니다. 모든 책이 그렇지만, 특히 과학은 핵심 개념이 중요하고 개념 정의만 잘 파악해도 책을 이해하기가 한결 쉬워집니다. 예를 들어 과학에서 말하는 '일'은 일상생활에서 통용되는 일의 뜻과는 전혀 다릅니다. 이런 개념을 잘 모르면 책을 제대로 읽을 수 없습니다. 그리고 실험의 의미를 잘 파악해야 합니다. 과학에서 실험은 어떤 가설을 증명할 때 결정적인 역할을 합니다. 그 실험을 정확하게 재현할 수는 없다 하더라도 어떤 의미가 있는지를 이해하는 것은 과학 서적을 이해하는 데 중요합니다.

수학서, 새로운 언어를 배우듯 읽는다

이제 수학서에 대해 알아봅시다. 수학이라는 말만 들어도 머리가 아프다고요? 어쩌면 읽는 방법을 몰라서가 아닐까요? 수학서도 엄연히 읽는 방법이 있습니다. 수학은 하나의 언어이고 영어나 중국어와 마찬가지로 '기호와 개념'으로 이루어졌습니다. 모든 언어가 그렇듯 수학책도 처음 배울 때는 어렵지만 어느 정도 익히고 나면 매우 흥미진진할 것입니다.

일반적으로 수학서는 전체를 살펴 읽는 것이 어렵습니다. 수학의 형식이 차근차근 증명해 가는 과정이기 때문에 중간을 건너뛰면서 읽는다는 것이 쉽지 않습니다. 그러나 수학서도 전체를 살펴 읽는 것이 필요합니다. 전체가 어떤 틀인지 알고 나서, 앞부분부터 단계적으로 잘 다져 나가는 것이 좋습니다.

다만 한 번에 완벽하게 다 아는 것은 거의 불가능하다는 점을 기억해야 합니다. 처음부터 완벽하게 이해하고 숙달된 뒤 다음 단계로 나아가려 하다 보면 책을 끝까지 읽지 못합니다. **어느 정도 이해했다는 느낌, 전체의 80~90% 정도 이해했다는 느낌**이 중요합니다. 계획을 세우고 읽으면서 다시 읽을 때 해결할 과제를 남겨 두기 바랍니다. 또 수학서를 읽을 때는 다른 어떤 책보다도 연필이 중요합니다. 여백이나 공책에 문제를 풀면서 읽습니다.

다시 한 번 강조하지만 수학은 새로운 언어를 배운다는 생각으로 읽어야 합니다. 외국어를 배울 때 한 단어 한 단어 익히면서 문장에서 문단으로 나아가듯이 수학 역시 하나의 명제, 공식, 원리를 차근차근 익혀 가는 것이 중요합니다.

물론 모든 수학서가 유클리드 기하학처럼 단계적으로 증명하고 있지는 않습니다. 재미있는 퍼즐을 모아 놓은 책도 있고, 수학 역사에 얽힌 일화들이 재미있게 전개되는 책도 있습니다. 수학적 지식을 재미있는 이야기로 풀어 나가는 책도 있고, 어떤 증명에 얽힌 사연을 추리 소설처럼 해명해 가는 책도 있습니다. 어떤 책이든 수학서를 잘 읽으려면 천천히 읽어야 합니다.

일반적으로 수학서를 읽는 방법은 세 가지가 있습니다. 여러분이 이해하기 쉽게, 흔히 말하는 교과서와 문제집이라고 하는 연습용 책, 그리고 수학 관련 책으로 나누어서 읽는 방법을 설명해 보겠습니다.

먼저 교과서는 내용을 이해하는 것에 초점을 두어야 합니다. 스스로 읽고 이해할 수 있다면 좋지만 누군가에게 배워서라도 반드시 익혀야 하는 책이 바로 교과서입니다. 흔히 말하는 수학의 개념서도 이런 부류에 속합니다. 교과서에 해당하는 책은 설명을 꼼꼼히 읽고 증명을 살피고, 간단한 예제를 통해서 자신의 이해를 점검합니다. 그래야 다음 장으로 넘어갈 수 있습니다. 예를 들어 정수에서 음수의 개념을 모르면 음수의 덧셈과 뺄셈, 곱셈을 어떻게 이해하고 풀겠습니까? 할 수 없이 공식만 외워서 문제를 푸는 것은 모래 위에 성을 쌓는 것이나 마찬가지입니다.

연습용 책의 경우는 좀 다릅니다. 교과서와는 용도가 다르다는 것을 알아야 합니다. **교과서는 원리 이해가 목적이지만 연습용 책은 개념의 습득과 익힘이 핵심**입니다. 우리가 어떤 원리를 이해한다고 해서 바로 그 원리를 적용해 자유자재로 문제를 풀기는 어렵습니다. 원리의 적용과 활용, 응용에는 상당한 시간과 연습이 필요합니다. 마치 운동 기술을 몸에 익히기 위해서 오랜 기간 반복 훈련하는 것과 같습니다.

구구단을 암기할 때 어떻게 했나요? 한 번 읽고 완벽하게 외운 사람은 거의 없을 것입니다. 순서대로 외우기도 하고 거꾸로 외우기도 하면서 최소한 몇 주 동안 연습했을 것입니다. 수학의 원리도 마찬가지입니다. 응용력이 생길 때까지 여러 번 반복해 문제를 풀어야 합니다. 한 번에 여러 문제를 푼다고 해서 응용력이 생기지는 않습니다. 며칠에 걸쳐, 적어도 한 단원을 2주 이상 연습해야 조금 몸에 익숙해집니다. 따라서 익힘 책은 한 번에 볼 수 없고 각 단원마다 최소 2주 이상 연습해야 하니 전체를 끝내려면 몇 달이 걸릴지도 모릅니다.

수학 관련 서적은 교과서나 익힘 책에 비해 좀 더 여유 있게 볼 수 있습니다. 심심할 때 재미로 풀 수 있는 스도쿠 같은 퍼즐, 수학의 역사나 수학 천재들에 얽힌 일화, 수학의 문제들을 흥미롭게 엮은 이야기가 여기에 해당합니다. 대체로 교과서나 익힘 책에 비해 부담은 적지만 그래도 연필을 들고 읽을 필요가 있습니다. 아무리 부담이 적다 해도 간단한 문제로 독자를 테스트하는 경우가 많기 때문입니다. 다만 반드시 문제를 풀어야만 책을 읽을 수 있는 것은 아니니 겁먹을 필요는 없습니다.

이번엔 실험을 하나 해 보겠습니다. 30센티쯤 되는 실과 지구본을 준비하고 지구본에서 우리나라를 찾은 뒤 실의 한 끝을 붙입니다. 그리고 나머지 끝으로 지구를 한 바퀴 감은 다음 실 끝을 당겨 봅니다.
그러면 실 끝은 우리나라까지 아무 걸림도 없이 당겨지겠지요. 만일
이런 실험을 실제 지구 위에서 한다면 어떻게 될까요? 바닷가의 등대
에 밧줄을 매어 놓고 배를 타고 나가서 지구를 한 바퀴 돈 뒤에 그 밧
줄을 당깁니다. 만일 지구가 둥글다면 결국 그 밧줄을 모두 회수할 수
있을 것입니다. 만일 지구가 둥글지 않고 도넛 모양이라면 어떻게 될
까요? 밧줄은 회수될 수 있을까요? 아니면 어딘가 걸려서 돌아오지
않게 될까요?

이런 식의 질문을 던지고 그 답을 차분히 설명해 주는 책이 있는데
바로 『100년의 난제: 푸앵카레 추측은 어떻게 풀렸을까』(살림)라는
책입니다. 현대 수학의 난제 중 하나였던 '푸앵카레의 추측'을 설명해
주고 난제를 풀어 가는 여러 수학자들의 이야기를 들려주는데, 저자
는 특히 '페렐만'이라는 수학자를 주목합니다.

페렐만은 혼자 연구하는 성향이 짙은 수학자입니다. 반대로 폴 에
어디쉬는 함께 연구하는 것을 즐기는 편이지요. 『우리 수학자 모두는
약간 미친 겁니다』(승산)에서 폴 에어디쉬는 수학이 얼마나 많은 사
람들과 함께 연구할 수 있는 학문인지를 몸소 보여 줍니다. 그는 무려
485명의 수학자와 공동 연구를 해서 1,475편의 공동 논문을 썼다고
합니다. 하루에 19시간씩 연구에 몰두했던 그는 "무덤에 들어가면 휴
식할 시간이 많을 거야."라고 했다지요.

폴 에어디쉬는 수학 천재답게 특이한 점도 많았습니다. 평생 자신

『100년의 난제: 푸앵카레 추측은 어떻게 풀렸을까?』는 2008년 일본에서 처음 발행됐어요. 가스가 마사히토가 쓴 이 책은 세기의 난제라 불리는 푸앵카레 추측과, 이를 해결했으나 필즈상 수상을 거부하고 사라진 수수께끼 같은 수학자의 이야기를 다뤘답니다. 번역서는 2009년 살림출판사에서 나왔습니다.

의 구두끈 하나 제대로 묶지 못했고, 운전에 관심은 무척 많았으나 평생 남의 차를 얻어 탔고, 자몽을 매우 좋아했으나 자를 줄을 몰라서 남의 도움 없이는 먹을 수가 없었습니다. 그러나 나눔을 좋아해서 가난한 고학생이 어려움을 호소하면 가진 돈을 나눠 줬고, 성공한 학생이 훗날 돈을 갚으려고 하면 다른 사람에게 나눠 주라며 받지 않았다고 합니다.

이 책에는 그런 에피소드들과 함께 그가 풀려고 했던 수학 문제들도 등장합니다. 수학 문제가 부담스러울 수도 있지만, 모든 문제를 다 이해해야 책을 읽을 수 있는 것은 아닙니다. 게다가 조금만 노력하면 충분히 알 수 있는 문제들도 제법 나오기 때문에 수학에 관심이 있는 사람이라면 충분히 즐겁게 읽을 수 있습니다.

수학 관련 퍼즐 책은 수준도 종류도 다양합니다. 서점에 가서 살펴 읽어 보고 적절한 책을 구매한 뒤 집에서 찬찬히 풀어 보기 바랍니다. 수학 퍼즐의 세계도 빠져들면 굉장히 흥미롭습니다. 유명한 수학 천재 소년 이수홍 군은 어려서 『재미있는 영재들의 수학퍼즐』(자음과모음)을 즐겨 읽었다지요. 『마술 같은 수학』(경문사)도 좋은 퍼즐 책으로 흔히 영재원에서 진행하는 수업과 비슷한 점이 있습니다. 이 밖에 네모로직, 스도쿠 등의 퍼즐은 연필만 있으면 언제든 즐길 수 있고, 수학적 사고력이나 연산력은 덤으로 생기지요.

14

철학서 읽는 법

음미하며 천천히 생각하며 읽자

철학서는 수학서와 마찬가지로 두 번 이상 천천히 읽어야 합니다. 그리고 수학처럼 새로운 언어를 익혀야 합니다. 그 논리를 아는 사람에겐 매우 쉽지만 잘 모르는 사람에겐 그야말로 암호와 다를 바 없는 것이 철학입니다. 예를 들어 소인수분해도 모르는 사람에게 최대공약수를 설명하면 전혀 이해하지 못하겠지요. 그러나 수학처럼 철학도 처음에는 어렵지만 개념을 익히고 사고의 과정이 숙달되면 매우 흥미로운 분야가 됩니다.

처음에는 개념을 익히는 데 중점을 두어야 합니다. 철학만의 독특한 용어들 때문에 조금은 어려울 수 있지만 자꾸 반복해서 읽다 보면 익숙해지고 편안해집니다. 특히나 철학은 살아가는 일과 관련된 학문입니다. 우리의 일상을 다른 말로 표현한 것이지요. 예를 들어 자기가 하고 싶은 일을 하는 것과 관련해 철학에서는 '자아 실현' '욕망의 투사' '주체의 객관화'라는 식으로 말합니다. 표현이 좀 낯설 뿐 내용이 어려운 것은 아니지요.

철학서를 읽기 위해 무엇보다 중요한 것은 개념을 익히기 전에 생각을 전환하는 것입니다. 철학은 일반 교과서를 읽을 때와는 전혀 다른 차원의 능력, 즉 근본적인 생각의 전환을 요구합니다. 흔히 철학은 철학의 역사부터 공부해야 한다고 생각할 수 있지만, 그보다 먼저 왜 철학을 공부해야 하는지를 알아야 합니다. 그렇지 않으면 낯선 개념들의 바다에 빠져 허우적대기 십상입니다. 그런 점에서 철학 공부는 앞서도 봤던 『생각한다는 것』으로부터 출발하라고 권하고 싶습니다.

『생각한다는 것』은 철학이 왜 필요한지, 철학하는 과정은 어떤 것인지, 철학이 어떤 결과를 가져다 주는지 알려 줍니다. 철학이란 그저 어려운 것이 아니라 평소 생각하는 습관이나 관습, 통념, 편견에서 벗어나 다르게 생각하는 과정이며, 그 결과 자유로워지고 행복해질 수 있음을 가르쳐 줍니다. 철학의 입문서로 『생각연습』(너머학교)도 좋은 책입니다. 철학의 기본인 다르게 생각하기에 매우 충실한 책으로 철학은 지식의 습득이 아니라 사고의 기술을 익히는 과정임을 잘 보여 줍니다. 『생각연습』을 읽는 방법으로 저자는 친절하게 다음과 같이 설명하고 있습니다.

2011년 너머학교에서 나온 리자 하글룬트의 『생각연습』 번역본 표지입니다. 현실에서 마주치는 질문들에 대해 스스로 생각하는 방법을 연습하게 해 주는 책이지요. '생각놀이'라는 독일어 원서 제목처럼 '생각'을 가지고 이리저리 굴리며 노는 방법을 터득하게 합니다.

철학책은 다른 책과는 다른 방법으로 읽어야 합니다. 보통 책들은 대개 빠른 속도로 읽어 내려가다가, 이해가 잘 안 되거나 특히 중요하다고 생각되는 부분들만 다시 읽지요. 철학책의 경우는 다릅니다. 한 단락을 단숨에 읽은 후 다루어진 내용이 무엇인지 대충 생각해 봅니다. 그런 다음 한 구절 한 구절을 곰곰이 따져 물으면서 다시 한 번 천천히 정독합니다.

— 리자 하글룬트, 『생각연습』, 서순승 옮김, 너머학교

철학서는 천천히 요약하면서, 음미하면서, 생각하면서 읽어야 합니다. 스스로 철학하는 과정을 밟아 가면서 읽으라는 말입니다. 요즘처럼 무엇이든 빨리 해결하려고 하는 시대에 철학은 어쩌면 어울리지

않을 수도 있습니다. 그러나 사고력을 향상시키고 싶은 마음이 간절하다면 천천히 읽으세요. 천천히 음미하기, 매일 사고하기, 단계적으로 조금씩 읽기를 연습해야 합니다.

철학서는 혼자 읽기보다는 친구들이나 선생님과 함께 읽는 것이 더 효과적일 수 있습니다. 혼자서 읽다 보면 한두 번 읽다가 내팽개칠 가능성이 크지만 친구들과 함께 읽으면 의무감 때문에라도 꾸준히 읽게 됩니다. 그러다 보면 어느덧 생각하는 능력이 향상된 자신을 발견하게 될 것입니다.

> **철학서 읽는 방법**
> - 두 번 이상 천천히 읽는다. 수학처럼 언어를 배우듯 읽는다.
> - 철학 용어에 익숙해진다.
> - 왜 철학책을 읽는지부터 생각하며 생각을 전환한다.
> - 천천히 음미하며, 요약하며, 생각하며 읽는다.

첫 걸음은 철학의 역사부터

철학을 체계적으로 읽기 원한다면 먼저 철학의 역사를 읽어야 합니다. 철학사는 앞서 말한 철학책 읽는 법과 조금 다르게 접근해야 합니다. 전체적으로 읽고 기억하고 필요할 때마다 꺼내서 살펴볼 수 있을 정도면 됩니다. 일종의 사전 역할을 하는 셈이지요. 모든 철학자들은 앞선 철학자들의 열렬한 독자로서 과거의 철학책에 바탕을 두고 이야기하는 경향이 있기 때문에 순서대로 읽는 것이 이해하기 편리합니다.

철학사는 초등용에서 전문가용까지 다양하게 있는 만큼 직접 살펴보고 자신에게 맞는 책을 선택하는 것이 중요합니다. 여기서는 『처음 읽는 서양철학사』(웅진지식하우스)를 예로 들어서 철학사 읽는 법을 살펴보겠습니다.

『처음 읽는 서양철학사』는 서양의 대표 철학자 38명을 소개하고 있습니다. 철학자들의 주요 사상을 정리하고 그 의미를 살피는 데 초점을 두는 보통의 철학사와 달리 철학자들의 평범한 일상을 담는 데 좀 더 무게를 두었습니다. 철학을 알기 위해서는 철학자들의 삶을 살펴보는 것이 도움이 된다는 의미이지요. 철학자도 사람이니만큼 저마다 삶의 고민이 있고, 그에 대한 대답으로 철학을 했다는 것이 이 책의 주된 생각입니다. 예를 들어 **짝사랑의 고민을 안고 있다면 키르케고르가 어떻게 연애를 했는지 살펴보고, 교회에 나가라고 권하는 주위 사람들에게 불편함을 느낀다면 아우구스티누스를 읽어 보라고** 말합니다.

철학자를 중심으로 한 철학사는 가볍게 읽을 수 있다는 장점이 있습니다. 처음부터 끝까지 쭉 읽어도 좋지만 이따금 생각날 때마다 관심이 가는 철학자 위주로 읽어도 좋습니다. 그리고 다른 공부를 하다가 데카르트나 플라톤 이야기가 나오면 이 책을 사전처럼 참고할 수 있습니다. 이 책을 잘 활용하려면 반드시 읽어야 할 것이 있는데, 바로 **글쓴이의 '여는 글'과 목차**입니다. 글쓴이가 어떤 의미에서 이 책을 썼는지 그리고 어떤 인물들이 이 책에 등장하는지 알려 주고 있기 때문입니다.

철학자들의 삶에서부터 출발하면 생각의 결을 잡기 쉽다. 그러면 숨 막히게 어려워만 보였던 철학 이론도 머리에 술술 들어온다.

그래도 철학은 여전히 어렵다. 하지만 한 철학자의 생각 전체를 100으로 보았을 때, 어려운 부분은 20뿐이다. 20이 어려운 이유는 내용을 정교하게 다듬으려 해서 그렇다. 나머지 80인 고갱이는 누구나 이해할 만하다. 한 철학자의 사상이 널리 퍼져 나가려면, 일단 그이의 말이 이해가 가야 한다. 그리고 사람들의 공감을 사야 한다. 책에 나오는 38명은 서양 철학의 대표 선수들이다. 그만큼 많은 사람들이 이해하며 가슴 절절히 여겼다는 뜻이다. 숱한 사람들이 알아들은 내용을 나라고 이해 못할 까닭이 있겠는가.

나는 이 책을 이해가 쉬운 80에 무게를 두고 썼다. 그러다 보니 20은 놓쳤다. 이 책에서 어려운 철학 용어들이 드문 이유다. 그렇지만 이 책은 '처음 읽는' 서양 철학사라는 점을 기억해 주기 바란다. 처음부터 고급 차를 몬 사람은 나중에 새 차의 즐거움을 누릴 기회가 줄어든다. 이 책을 읽고 철학에 대한 입맛이 살아난다면, 그래서 더 깊이 있는 책을 찾게 되었다면 책의 목적을 이룬 셈이다.

— 안광복, 『처음 읽는 서양 철학사』, 웅진지식하우스

보통의 철학사는 역사를 읽을 때와 비슷하게 앞뒤 관계를 잘 파악하는 것이 무척이나 중요합니다. 처음부터 읽는 것이 중요하고, 특히 고대 철학을 잘 이해하는 것이 관건입니다. 서양이나 동양이나 고대의 철학에서 거의 모든 것이 형성됐기 때문입니다. 소크라테스와 플라톤, 아리스토텔레스에서 서양 철학이 시작됐고 공자와 노자, 부처에서 동양철학의 틀이 잡혔습니다. 이후의 철학은 그들의 철학을 뒤집고 반박하고 고치는 과정이라고 해도 과언이 아닙니다.

철학에도 『소피의 세계』(현암사)처럼 유명한 철학 소설들이 있습니다. 딱히 소설이라고 할 수는 없지만 어떤 가상의 인물들이 등장하는 철학 이야기도 있습니다. 『거짓말을 하면 얼굴이 빨개진다』(비룡소)처럼 착한 거짓말이 가능한지를 탐구하는 책이 있는가 하면, 다수를 위해서 소수를 희생시키는 것이 정당한지를 탐구한 책들도 있습니다. 이처럼 이야기를 결합한 철학책은 플라톤의 대화편에 기원을 둔 것으로 과학이나 수학에 비해 주제와 훨씬 잘 어울립니다. 잘 기획된 철학 소설들은 자칫 딱딱하고 건조하게 느껴질 수 있는 철학적 주제를 생활 속에서 생생히 받아들일 수 있게 만드는 묘미도 있습니다. 소설의 형식뿐 아니라 대화나 토론 형식으로 전개되는 철학책들은 철학적 대화와 사고가 어떤 것인지를 잘 보여 주기도 합니다.

그러나 섣부르게 시도된 이야기 형식의 철학책은 주제에 몰입하는 것을 방해할 우려가 있고 오히려 철학 해설서보다 읽기가 불편할 수도 있습니다. 이야기 형식으로 철학을 서술하는 것은 정말 대가가 아닌 이상 쉽지 않습니다. 그래서 대부분의 철학자들은 논문의 형식을 택합니다. 문학적인 재능이 탁월했던 플라톤이나 니체의 경우는 극히 예외이지요. 그러니 이야기 형식의 철학책을 고를 때는 신중한 선택이 필요합니다.

원전에 도전하자

어느 수준의 독자라도 읽을 수 있는 철학의 원전이 있다면 아마도 플라톤의 『소크라테스의 변명』이 아닐까 싶습니다. 깊이 있게 읽으려면 고대 그리스의 자연철학과 소크라테스의 산파술, 소피스트의 사상, 당시 아테네의 정치, 역사적 상황 등도 알아야겠지만, 그렇지 않다 하더라도 한두 시간이면 간단히 독파하는 데는 무리가 없는 책입니다.

데카르트의 『방법서설』도 90여 쪽 분량으로 내용을 파악하기에는 그다지 어렵지 않습니다. 물론 파고들면 한없이 어려울 수 있지요. 논리적 방법, 형이상학, 자연과학, 신 등등 다루는 주제들이 결코 가볍지 않으니까요. 그러나 데카르트는 이 책을 "아낙네도 읽고 이해할 수 있는 수준"으로 쉽게 썼다고 고백합니다. 게다가 한 번에 읽을 수 없다면, 여섯 부분으로 나눠서 읽으라고 친절하게 안내까지 해 줍니다. 저자의 안내에 따라 본문을 좀 읽어 보겠습니다.

> 양식(good sense)은 이 세상에서 가장 공평하게 분배되어 있는 것이다. 왜냐하면 사람들은 누구나 그것을 충분히 갖추고 있다고 생각하고 있으며, 다른 모든 것에 있어서는 좀처럼 만족하지 않는 사람도 그것만큼은 자신이 갖고 있는 것보다 더 바라지 않기 때문이다. 이 점에 있어 모든 사람의 생각이 잘못되었다고 볼 수 없다. 오히려 이는 잘 판단하고, 참된 것을 거짓된 것에서 구별하는 능력, 즉 일반적으로 양식 혹은 이성으로 불리는 능력이 모든 사람에게 천부적으로 동등하다는 사실을 보여 주는 셈이다. 또 우리가 각각 다른 견해를 갖고 있는 것은 어떤 사람이 다른 사람보다 더 이성적이어서라기보다는, 서로 다른 길을 따라 생각을 이끌고, 동일한 사물을 고찰하지 않는 것에서 비롯되는 것이다. 왜냐하면 좋은 정신을 지니는 것만으로는 충분하지 않으며, 그것을 잘 사용하는 것이 더 중요하기 때문이다. 위대한 영혼의 소유자는 엄청난 덕행을 할 수 있는 반면에 엄청난 악행도 할 수 있으며, 천천히 걷되 곧은 길을 따라가는 사람은 뛰어가되 곧은 길을 벗어나는 사람보다 훨씬 더 먼저 갈 수 있는 것이다.
>
> — 데카르트, 『방법서설』, 이현복 옮김, 문예출판사

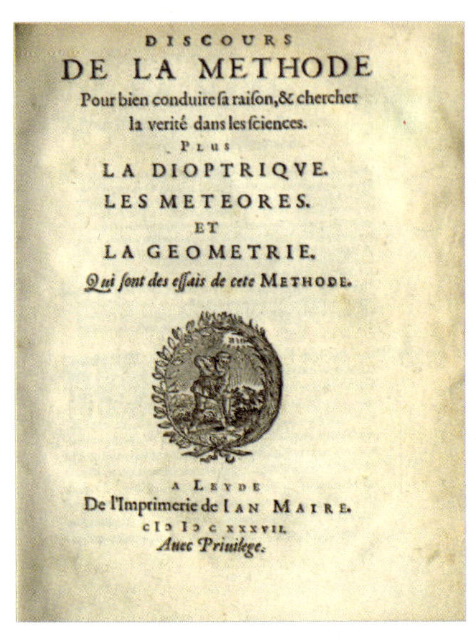

1637년 프랑스 철학자 데카르트가 쓴 『방법서설』 초판 표지예요. 원래는 『이성을 올바르게 이끌어 여러 가지 학문에서 진리를 구하기 위한 방법의 서설』 이라는 긴 제목을 가지고 있지요. "나는 생각한다. 그러므로 나는 존재한다."라는 말로도 유명합니다.

『방법서설』의 첫 부분인데 한 문단이 상당히 깁니다. 어려운 말도 있을 겁니다. 그러나 **분석하며 읽기**를 적용하면 충분히 잘 읽어 갈 수 있습니다. 급히 서두르지 말고 목차를 천천히 살핀 뒤 전체를 일단 훑어 읽어 봅니다. 모르는 부분은 넘어가고 아는 것을 위주로 읽습니다. 다음 두 번째로 읽을 때는 한 문단씩 내용을 요약하면서 읽어 봅니다. 그냥 읽을 때는 무슨 말인지 잘 몰라서 답답함을 느낄 수 있지만 문단별로 요약하면서 읽으면 생각보다 쉽다는 것을 알게 될 것입니다.

자, 앞글의 핵심을 요약하면 어떻게 될까요? 요약하고 적어 보세요.

짧게 요약하면 "인간은 누구나 이성적 능력을 가지고 있다. 그것을 제대로 잘 사용하는 것이 중요하다."입니다. 이렇게 정리해 가면서 읽으면 여러분도 앞에서 소개한 두 권의 철학 고전을 멋지게 읽어 낼 수 있습니다.

좀 더 깊이 있게 읽고 싶으면 어떻게 해야 할까요? 또 다른 해설서들을 참고해야 합니다. 앞서 소개한 철학사를 참고할 수도 있습니다. 요즘은 철학 고전을 청소년 수준에 맞게 해설한 책들이 많이 나와 있으니 서점에서 한번 골라 보세요.

15

사회과학 서적 읽는 법

먼저 자신의 의견을 정리해 본다

사회과학 서적에는 어떤 책들이 있을까요? 사회과학은 요즘 많은 사람들이 읽는 심리학이나 경제학 책들을 비롯해 사회학, 정치학은 물론 교육학, 인류학까지 다양한 분야를 아우르고 있습니다. 사회에 대해 연구하는 모든 학문을 사회과학이라 할 수 있지요. 사회과학은 우리 가까이에서 일어나는 현상들을 다룰 때가 많아서 어찌 보면 매우 친숙하고, 그것에 대한 의견들도 숱하게 쏟아집니다.

사실 우리에게는 저마다 다른 사람의 마음을 꿰뚫어보고자 하는 심리가 있습니다. 저 사람은 무슨 생각을 하고 있을까? 나는 어떤 성격의 사람인가? 나의 흥미와 적성은 과연 정해져 있을까? 등등 이런 생각들을 충족시켜 주는 것이 바로 심리학이지요. 우리는 누구나 자신에 대해 잘 안다고 생각할 뿐만 아니라 다른 사람의 심리도 잘 파악한다고 생각합니다. 마찬가지로 정치나 경제, 교육에 대해서도 뭔가 말을 하고 싶어 합니다. 수학이나 과학에 대해서는 전문가가 아닌 이상 의견을 내세우기가 곤란하다고 느끼지만 사회과학의 영역은 모두가 전문가라 해도 지나치지 않습니다.

이처럼 사회과학이 모두에게 친숙하다는 점은 사회과학 서적을 제대로 읽는 데는 장애물로 작용합니다. 왜 그럴까요? 잘 알고 있으면 더 좋은 것이 아닐까요? 그러나 누구나 자신이 잘 알고 있다고 생각하는 분야에서는 선입견이 생깁니다. 맞고 틀리고를 떠나서 어떤 선입견을 갖고 책을 읽게 되면 저자의 의견을 받아들이기에 앞서 먼저 비판부터 하게 됩니다. 결국 책을 온전히 읽기도 전에 덮어 버리고, 읽더라도 성급히 판단하는 경우가 많습니다. 자신과 비슷하다고 생각하면 무조건 찬성하고 조금 다르다고 생각하면 무조건 반대하는 문제가 생깁니다. 이런 문제를 어떻게 해결해야 할까요?

자신의 의견도 존중하고 책도 정당하게 평가하면서 읽으려면, 먼저 자신의 의견을 정확히 알아야 합니다. 저자가 말하는 주제에 대해 자신이 어떤 입장을 지니고 있는지 먼저 자신에게 물어 보세요. 자신과 저자의 의견이 다를 수 있음을 인정하고 나서 책을 읽기 시작하세요. 그래야 자신이 어떤 선입견에 빠져 있는지도 깨달을 수 있습니다.

예를 들어 마르크스의 『자본론』을 읽는다고 합시다. 먼저 여러분은 마르크스에 대해, 그의 사상에 대해 어떤 의견을 가지고 있습니까?

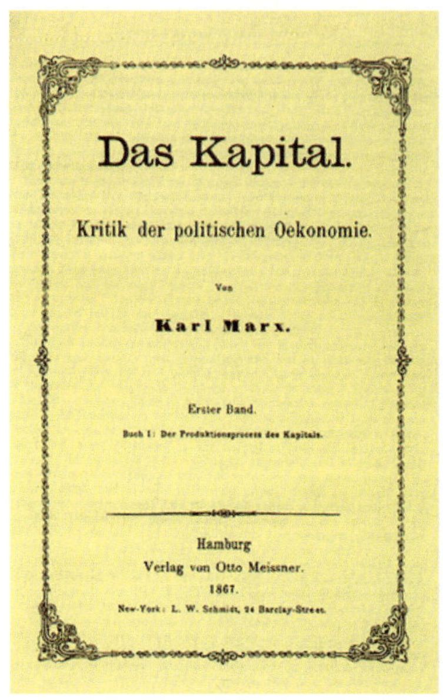

1867년 독일 함부르크에서 발행된 『자본론』 초판본 표지예요. 칼 마르크스가 집필하고 프리드리히 엥겔스가 편집한 정치경제학 논문이죠. 1867년 1권이 출간됐고 마르크스 사후 엥겔스에 의해 1885년에 2권, 1894년에 3권이 출간됐어요.

앨빈 토플러의 『제3의 물결』은 1980년 처음 발행됐어요. 저자는 제1의 물결이 농업 혁명이고 제2의 혁명이 산업 혁명이라면 제3의 물결은 정보화 혁명이 될 것이라며 선진국에서 정보화 시대로 넘어가는 것을 정확히 예견했죠. 1998년 국내에서 처음 번역된 범우사의 번역서 표지랍니다.

마르크스는 공산주의의 시조이니 『자본론』은 공산주의 혁명에 관한 책일 것이라고 지레짐작할 수도 있겠지요. 그러고 나서 『자본론』을 읽어 보세요. 선입견과 달리 이 책은 공산주의 혁명에 관한 책이 아니라 경제학 책임을 알게 됩니다. 이제 경제학에 대해 더 알아보기 위해 애덤 스미스의 『국부론』을 읽어 봅니다. 그런데 '자유주의 경제학자'

라고 알고 있던 애덤 스미스가 경제의 정의(正義)를 주장했다는 사실에 충격을 받을지도 모릅니다.

사회과학 서적을 읽을 때 겪는 두 번째 어려움은 '개념의 정의'에 있습니다. 사회과학에서 사용하는 용어들은 우리가 이미 아는 것일 수도 있지만 새로운 의미로 정의되는 경우도 많기 때문이지요. 새로운 용어를 만들어 내는 일 또한 결코 드물지 않습니다. 예를 들어 앨빈 토플러는 『부의 미래』에서 '부'에 대해 좀 색다르게 말합니다. 우리가 흔히 '부'를 돈이라고 생각하는 것과 달리 앨빈 토플러는 건강과 사랑, 단란한 가족, 서로에 대한 존중 같은 것 역시 부의 하나라고 말합니다. 인간의 욕망을 채워 주고 욕구를 해소해 주는 모든 것을 부라고 정의한 것이지요. 또 그는 『제3의 물결』이라는 책에서 자신이 필요한 것을 스스로 생산해서 소비하는 사람을 '프로슈머'라고 부릅니다. 물리학에서처럼 '힘'이나 '일'을 누구나 동일하게 정의하는 경우를 사회과학에서는 찾기 어렵습니다. 따라서 사회과학은 저자가 용어를 어떤 의미로 사용하고 있는지 탐색하며 읽어야 합니다.

통합적 읽기의 시작은 사회과학으로

사회과학의 대상은 빠른 속도로 변한다는 특징이 있습니다. 문학이나 역사, 철학 서적은 오래전에 쓰인 책들이 현재도 여전히 중요하지만, 사회과학 서적들은 특정 시기에만 중요하게 다루어지다가 사라지는 것들이 많습니다. 그렇다고 해서 쓸모없거나 나쁜 책이라는 뜻이 아닙니다. 단지 이전과 같은 가치를 지니지 못한다는 것입니다. 예를 들어 소련과 미국이 극렬히 대립했던 냉전시대에는 이데올로기라는 것이 매우 중요한 주제였습니다. 이데올로기라는 말이 어렵게 느껴지나요? 더욱 낯선 것은 소련이라는 말이겠지요. 지금은 러시아로 불리는 소비에트 연방 공화국 소련이라는 말은 이제 좀처럼 듣기 어렵습니다. 마찬가지로 냉전시대의 사회과학 서적은 요즘은 별 의미를 지니지 못합니다.

반대로 요즘 새롭게 등장한 개념들도 있습니다. 정보화시대라는 말은 몇 년 전만 해도 무척이나 추상적으로 들렸습니다. 그러나 지금은 얼마나 일상적이고 구체적인 말입니까? 몇 년 전만 해도 정보가 돈이 된다고 하면 사람들은 대부분 주식투자를 떠올렸습니다. 그러나 지금은 어떤가요? 길을 걸을 때도 스마트폰으로 최단 경로를 찾고, 영화표를 예매하거나 당장 필요한 정보를 찾을 때도 스마트폰을 이용합니다. 실시간으로 정보를 검색해 의미 있게 활용하는 것이 가능한 세상이 됐습니다.

사회과학에서 쓰는 개념들은 다른 분야와는 달리 시대의 변화에 민감할 수밖에 없어요. 시대가 바뀜에 따라 과거의 문제는 저절로 사라지는 반면 전혀 새로운 문제가 떠오르기 때문이지요. 따라서 이 분야의 책을 읽을 때는 언제 나온 책인지, 앞으로 얼마나 효용성이 있는지 판단하면서 읽는 것도 중요합니다.

사회과학은 한 가지 주제에 대해 상반된 의견들이 있을 수 있습니다. 이런 점을 감안해 여러 권의 책을 함께 검토할 필요가 있습니다. 예를 들어, 지금은 유럽과 미국의 대립 구도가 가장 중요하다고 주장한다고 합시다. 이때, "아니다, 미국과 중국의 대립이 더 중요하다."고 말할 수도 있습니다. 그리고 중국의 성장 가능성이 매우 크다고 하는 사람이 있는가 하면 그렇지 않다는 사람도 있습니다. 왜 그런 주장을 하는지 근거가 있을 것입니다. 여러 가지 의견을 동시에 검토하면서 읽어 보세요.

앞에서는 한 권의 책을 잘 이해하기 위해 보조 자료에 해당하는 책들을 살펴보는 방법을 익혔다면, 여기서는 한 가지 주제를 알기 위해 여러 권의 책을 살펴보는 것이 필요합니다. 바로 이런 점에서 사회과학 서적은 통합적으로 읽는 방법과 연관돼 있습니다. 통합적으로 읽는 것은 분석적으로 읽는 것과는 좀 다릅니다. 이제, 이 책의 꽃이라 할 만한 '통합적으로 읽는 법'을 알아봅시다!

책의 이해를
돕는 정보들

정보라고 다 옳은 건 아니다

이 책의 핵심은 스스로 책을 독파하는 능력을 기르는 데 있다. 그러나 때로는 책만으로는 이해가 부족할 때가 있다. 책에 나오는 정보만으로 이해가 부족한 경우도 있고, 진위 여부가 의심스러운 부분도 있다. 책 자체만으로 모든 것을 이해할 수 없을 때, 책의 이해를 돕기 위해 다른 정보의 도움을 받아야 하기도 한다.

그러나 문제는 우리 곁에는 너무 많은 정보들이 있다는 점이다. 자칫 잘못된 정보에 속아 책을 오해할 수도 있고, 또 책보다는 손쉽게 정보를 얻는 길로 빠져들면서 자연히 책과 멀어질 우려도 있다. 아무리 좋은 약도 과용하면 몸에 해롭다. 게다가 나쁜 약을 잘못 고르면 병이 더 심해질 수도 있는 것이다. 책의 이해를 돕는 정보들을 철저히 가려서 소화해야 하고, 매번 신중한 검토 끝에 받아들여야 한다. 자, 이제 그 도구들의 과용과 남용을 방지하고 적절히 사용하기 위한 방법을 알아보자.

인터넷을 활용할 때 주의할 점

책에서 이해되지 않는 부분이 나오면 대부분의 사람은 인터넷 검색을 이용한다. 인터넷 검색은 낮은 차원의 정보부터 심도 있는 해설까지 다양한 수준의 정보를 제공한다. 게다가 시각, 청각 자료도 찾아볼 수 있고 인터넷과 연결되는 기기만 있으면 언제 어디서나 당장 찾아볼 수 있다. 단어 수준의 검색부터 연관어, 주제, 특정 질문까지 검색의 프리즘

이 다양한 것도 인터넷의 큰 장점이다.

　그러나 주의할 점도 있다. 인터넷 정보는 출처가 불분명하고 신뢰성 없는 정보에 속을 가능성이 높다는 점이다. 잘못된 정보를 여기저기 퍼 나르는 경우도 많으니 신뢰할 만한 정보인지 반드시 확인할 필요가 있다. 또 첫 화면에 뜨는 정보가 반드시 정확하고 신뢰도가 높은 것은 아니다. 광고비를 받고 띄워 주는 '광고성' 정보인 경우도 많고, 사이트의 주관적 판단에 의해 정보를 유포하는 경우도 적지 않다. 게다가 정보의 깊이가 얕고 심지어 잘못된 정보가 많기 때문에 의심스럽다 싶으면 반드시 백과사전이나 참고도서를 추가로 찾아보아야 한다.

　인터넷 검색은 쉽다 보니 찾은 내용을 머릿속에 담아 두기보다는 한번 쓱 보고 지나가기 마련이다. 결국 같은 정보를 되풀이해서 찾는 일이 빈번하다는 말이다. 이런 현상을 일컬어 '정보의 휘발성이 높다'고 한다. 가능하면 천천히 정보를 음미하고 메모를 남겨서 자신의 것으로 만드는 수고를 아끼지 말라.

직접 체험해 본다

책에서 말하는 내용을 직접 체험해 보면 더욱 쉽고 빠르게 이해가 된다. 특히 실용서는 직접 따라해 볼 수 있는 내용이 많다. 운동이나 취미에 대한 소개서라면 책의 내용에 따라서 직접 연습해 보고, 생활 속 과학에 관한 책이라면 직접 실험해 보라. 시나 소설 같은 문학은 그 배경이 되는 장소를 찾아가 본다든지 특정한 상황을 재현해 보면 깊이 읽기에 큰 도움이 된다.

　희곡은 직접 연기하며 내용을 재현해 보는 것이 가장 좋다. 연극이 어렵다면 연기하듯이 소리 내어 글을 읽어 본다. 역사서는 박물관이나 유적지를 방문해 눈으로 확인하면 책의 내용이 더욱 생생히 느껴질 것이다. 수학책은 문제를 풀어 보고 증명하면서 읽는 것이 가장 효과적이다.

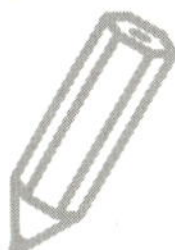

4장

좋은 독자가 훌륭한 저자가 된다, 통합적 읽기

책을 꿰뚫어보는 법, 저자와 대화하고 비판하는 기술을 제대로 익혔다면 이제 책을 내 생각을 펼쳐 내는 도구로 마음껏 부리는 법, 통합 독서의 기술을 배워 봅니다. 최고 수준의 독서는 독자를 저자로 만들어 준답니다.

Critik
der
reinen Vernunft
SILENT
SPRING
Rachel Carson

16

통합적 읽기란
무엇인가?

보고서 및 논술의 발판이 되는 독서법

지금까지 우리는 책을 읽는 세 가지 수준에 대해 배웠습니다. 그리고 **살펴 읽고, 분석하며 읽고, 그리고 비판하며 읽는 것**을 해 보았지요. 또 그것을 각 분야의 책에 어떻게 적용하는지도 알아봤습니다. 이제 마지막으로 통합적으로 읽는 것을 알아볼 차례입니다. 통합적으로 읽기는 우리가 책을 읽는 진정한 이유를 깨닫게 해 줍니다. 우리가 책을 읽는 것은 어떤 내용을 그대로 암기하기 위해서가 아닙니다. 단지 책은 도구일 뿐 우리가 알고 싶은 것은 진실이고 진리이지요. 진실은 한 권의 책에만 담겨 있지 않습니다. 진실은 다양한 모습으로 나타납니다. 그래서 우리는 여러 권의 책을 동시에 읽는 법을 배워야 하는 것이고 그것이 바로 통합적 읽기의 핵심입니다.

여러 권의 책을 동시에 읽는다는 것이 흔히 말하는 다독은 아닙니다. 보통 다독이라고 하면 많은 책을 서로 연관성 없이 빠른 속도로 읽는 것을 말하지요. 아침에는 소설을, 오후에는 과학책을, 저녁에는 수필을 읽는 것처럼 온갖 책을 닥치는 대로 많이 읽는 것 또한 다독이라 말할 수 있습니다. 그러나 여기서 **여러 권을 동시에 읽는다고 하는 것은 한 가지 주제로 통합된 책읽기를 가리킵니다.** 그렇다고 해서 한 권 한 권의 책을 반드시 정독하면서 읽는 것은 아닙니다. 이런 읽기는 지금까지 우리가 배운 독서 방식과는 좀 다를 수 있어요. 앞에서 배운 방식과 기술을 바탕으로 전혀 새로운 책읽기 방식이 지금 펼쳐질 것입니다.

통합적으로 읽는 것은 특정 주제에 대한 탐구를 의미합니다. 하나의 주제를 정하고 그와 관련된 다양한 정보를 찾아 탐구해 하나의 새로운 의견을 만들어 내는 것이지요. 학교에서 흔히 쓰는 과학 탐구보고서라든가 철학 에세이 같은 것도 통합적 읽기로 작성할 수 있습니다.

통합적 읽기는 책으로 자신만의 관심 주제를 탐구하는 방법을 익히게 해 줍니다. 이는 사실상 대학생 이상의 연구 과정에서 필요한 일이지요. 그러나 요즘에는 고등학교에서도 연구 보고서를 쓰는 경우가 종종 있으니 가급적 미리 통합적 읽기를 익히고 훈련해 두면 좋겠지요.

주제 선정과 자료 준비

통합적 읽기는 먼저 주제를 정해야 합니다. 예를 들어 '정의란 무엇인가?' '자유와 의무는 대립하는 것인가?' '환경을 보호하는 경제 발전은 과연 가능할까?' 등 어떤 주제를 탐구할지 생각해 봅니다.

➡ 1. 탐구할 주제를 정한다.

'환경을 보호하는 경제 발전은 가능할까?'라는 주제를 정했다고 합시다. 그럼 다음은 어떻게 할까요? 필요한 자료들을 구해야 합니다. 이제 우리는 이전처럼 단순히 읽기만 하는 독자가 아닙니다. 통합적으로 읽기에서 '독자'는 점차 '저자'의 입장으로 자리를 옮겨 가야 합니다. 최대한 많은 자료를 찾아내 새로운 내용을 만들어야 하지요.

➡ 2. 최대한 많은 자료를 구한다.

자료를 찾을 때는 책들을 최대한 활용하는 것이 좋은데 도서관의 개가 열람실은 최적의 장소입니다. **주제와 연관성이 있어 보이는 책을 발견했다면 자세히 살펴보기 전에 일단 책 제목과 저자, 출판사 정도를 메모**합니다. 이렇게 확보된 도서 목록은 좀 더 창의적인 결과물을 만들어 내는 발판이 되지요.

'환경'이나 '경제 발전'과 관련된 자료는 모두 찾아냅니다. 과학 서적뿐 아니라 사회나 경제 관련 책도 찾습니다. 역사나 문학에서 자료를 구할 수도 있습니다. 심지어 환경을 위한 문학 작품까지 찾아 봐야 할지도 모릅니다. 탐구 자료를 찾는 일은 결코 쉽지 않습니다. 그래서 모티머 J. 애들러는 '신토피칼'●이라는 색인집을 만들어 활용할 것을 권하기도 했지요.

그러고 보니 우리에게도 나름의 신토피칼이 있네요. 인터넷 검색엔진이 바로 그겁니다. 네이버나 다음, 구글 등 포털사이트에서 검색어를 입력하면 백과사전은 물론이고, 더 다양한 정보들을 찾을 수 있지요. 책과 이미지를 포함해 신문이나 잡지의 기사, 개인의 블로그와 카페의 글에 이르기까지 온갖 자료들을 다 모을 수 있습니다. 이 얼마나 든든한 도구인가요.

이때 주의할 점은 일정한 목록을 만들기 전에는 책을 비롯한 자료를 자세히 들여다보면 안 된다는 것입니다. 짧은 시간에 최대한 많은

●**신토피칼** syntopical. '함께, 동시에'를 뜻하는 접두사 syn–과 '화제, 주제'를 뜻하는 topical의 합성어예요. 동일 주제에 관한 여러 권의 책을 의미합니다.

 목록을 다 작성하기도 전에 참고 자료를 자세히 살펴보다가 엉뚱한 길로 빠져들기 쉽기 때문입니다. 어느 순간 원래 목표했던 곳과는 전혀 다른 곳에서 헤매고 있는 자신을 발견하게 될 수도 있습니다.

> 3. 짧은 시간에 최대한 많은 자료를 찾는다. 분야를 가리지 않는다.
> 책은 제목과 저자 및 출판사를 메모하고, 다른 자료는 인터넷을 활용한다. 목록을 다 작성하기 전에는 자세히 읽지 않는다.

다음으로 중요한 작업은 많은 자료 목록 가운데 주제에 적합한 것을 골라내는 일입니다. 또 골라낸 자료들을 자신의 의도에 맞게 적절히 변형해서 소화해 내야 합니다. 찾아낸 자료를 모두 다 읽는 것이 아니라 필요한 부분만 골라서 읽습니다.

 그러는 동안 분석적으로 읽어야 할 자료나 책의 목록을 작성합니다. 탐구할 자료의 범위를 점차 줄여 가는 것입니다. 충분히 줄이기 전에는 절대 분석하면서 읽어서는 안 됩니다. 만일 너무 재미있는 책을 발견했다 하더라도 덥석 책을 펼치기보다는, 다음에 따로 읽을 목록을 만들어 메모하기 바랍니다.

➡ 4. 자료 목록을 살펴 읽으며 분석적으로 읽을 목록을 추려 낸다.
충분히 추려 내기 전에는 자세히 읽어서는 안 된다.

책과 자료의 적합성과 중요도를 판단하는 동시에 간단히 내용을 정리합니다. 내용을 간략히 메모하는 이때 주의할 점이 있습니다. 특히나 실력 있는 독자들이 빠지기 쉬운 함정이기도 한데, **자신의 독서 실력만 믿고 살펴 읽기와 분석하며 읽기를 동시에 시도하면서 시간을 허비하고 계획에서 벗어나는 것**입니다.

예를 들어 환경 및 경제 관련서로 레이첼 카슨의 『침묵의 봄』을 살펴본다고 합시다. 얼핏 살펴 읽어 보는데 내용이 몹시 끌려요. 조금만 읽어 보기로 하다가 어느덧 자세히 읽게 되고, 자기도 모르게 분석하면서 읽게 돼요. 바로 이런 함정을 주의하라는 말입니다. 살펴 읽기 할 때 한 권의 책을 자세히 읽느라 다른 자료를 정리할 시간을 놓치는 것은 우리가 걸리기 쉬운 덫입니다. 자칫 계획에 차질이 생길 수도 있으니 여러분은 이 점을 꼭 주의하세요.

➡ 5. 목록을 추릴 때 살펴 읽기 하며 간략히 메모한다. 분석하며 읽는 함정에 빠지지 않도록 조심한다.

자료의 목록을 추리는 과정에서 또 다른 문제가 생길 수 있습니다. 처음에 정했던 주제가 완벽한 주제는 아니라는 판단이 드는 것이지

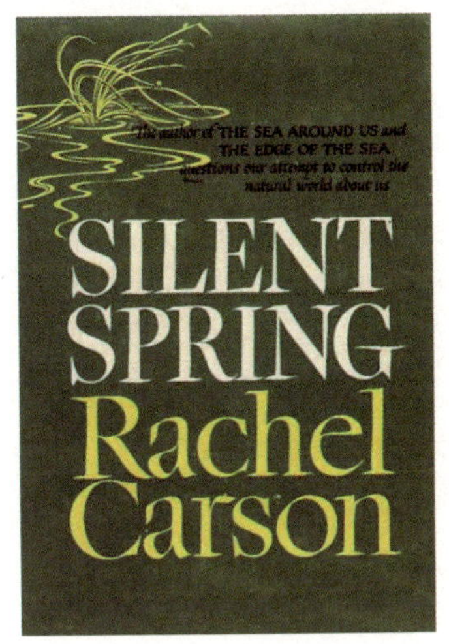

1962년 9월에 출간된 레이첼 카슨의 『침묵의 봄』 초판본 표지예요. 마치 시처럼 아름다운 문장으로 살충제 DDT의 남용이 동물과 식물은 물론 인간에게까지 위험할 수 있다는 것을 써 내려간 책입니다. 1972년부터 미국에서는 DDT 사용이 금지됐어요.

요. 자료를 검토하다 보면 이전에 몰랐던 새로운 개념을 접하기도 합니다. 가령 어떤 자료를 훑어보다 보면 환경 및 경제 문제는 '지속 가능한 발전'이라는 개념이 중요하다는 것을 알게 되지요. 그 자료를 좀 더 검토하다 보면 환경보다는 '생태계'라는 개념이 더욱 근본적이고 본질적이라는 생각에 이르게 됩니다. 주제가 처음 생각했을 때와 달라지면 어떻게 해야 할까요? 신중하게 판단해서 새로운 주제로 바꿀 수도 있습니다. 예를 들어 '생태계를 유지하면서 지속 가능한 경제 발전은 가능할까?'라는 식으로요. 만일 주제가 바뀐다면 필요한 자료도 당연히 바뀌겠지요. 이처럼 목록을 추리는 과정에서 새롭게 발전된 주제를 정한다면 추가 자료를 더 찾아보고 처음부터 다시 시작해 봅니다.

➡ 6. 이전 주제에서 좀 더 발전된 문제의식은 신중하게 생각해 과
감히 받아들인다.

읽기 목록이 정해졌으면 통합적으로 읽기 제1단계를 시작합니다. 통합적으로 읽기 제1단계는 목록에 선정된 책을 전체적으로 다시 살펴 읽되, 책의 주제에 집중해서 읽는 것이 아니라 자신이 선정한 탐구 주제에 연관된 부분만 주도적으로 읽는 것입니다. 다시 말하지만 이전과는 다른 방식이 필요합니다. 이전에는 책을 있는 그대로 존중하면서 읽었다면, 여기서는 필요에 따라 선택적으로 읽어야 합니다. **저자가 말하려고 하는 것과 상관없이 자신이 연구하려고 하는 것에 중점을 두고 읽으라**는 말이지요.

➡ 7. 자료의 주제에 이끌리지 말고 자신의 탐구 주제에 관련된 부
분만 주도적으로 읽는다.

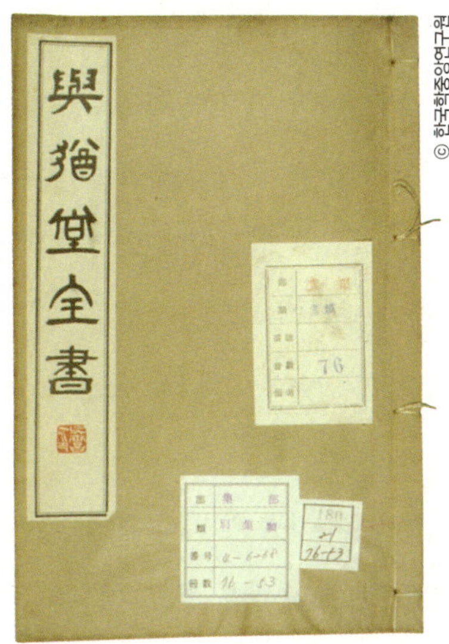

다산 정약용의 저술을 총정리한 『여유당전서』 표지예요. 여유당이란 정약용의 당호(堂號)를 말하죠. 154권 76책으로 된 이 문집의 작업은 1934~1938에 걸쳐 외현손 김성진의 편집으로 진행돼 신조선사에서 발행됐답니다.

통합적 읽기 제1단계에서 책을 읽을 때 중요한 내용은 곧바로 메모합니다. 언제라도 금방 참고할 수 있도록 출처와 간략한 내용을 적어두는 것이지요. 정약용 선생도 책을 읽고 연구할 때 '초서'라는 방식으로 메모할 것을 강조했습니다. 먼저 자신이 연구할 분야의 체계를 세우고 목차를 정리한 뒤, 읽어야 할 책을 정하고, 필요한 부분을 찾아서 정리하면서 읽으라고 말이지요. 통합적 읽기도 이와 다르지 않습니다. 물론 책을 읽으면서 정리한다는 것이 쉬운 일은 아니지요. 핵심을 요약하고 간추리는 일에는 상당한 노력이 필요합니다. 정약용 선생의 자녀들에게도 이 작업은 힘이 들었던 모양입니다.

학문의 요령을 전에 이미 말했거늘, 네가 필시 이를 잊은 게로구나. 그렇지 않고서야 어찌 초서의 효과를 의심하여 이 같은 질문을 한단 말이냐? 무릇 한 권의 책을 얻더라도 내 학문에 보탬이 될 만한 것은 채록하여 모으고, 그렇지 않은 것은 눈길도 주지 말아야 한다. 이렇게 한다면 비록 백 권의 책이라도 열흘 공부거리에 지나지 않는다.

— 정민, 『다산선생 지식경영법』, 김영사

결국 정약용 선생의 가르침을 받아들인 두 아들은 나중에 유명한 학자가 됩니다. **주제에 따라 책을 선정하고 요약하며 읽고 메모하는 것이 학자가 되는 기초 연습**에 해당했던 셈이지요. 여러분도 따로 공책을 마련해서 탐구 자료를 정리해 보세요. 책의 제목과 쪽수, 중요한 내용 등을 메모하면서.

➡ 8. 중요한 내용을 요약하고 메모하면서 책을 읽는다.

저자의 개념을 창조적으로 받아들이다

통합적으로 읽기 제2단계에서 중요한 것은 '저자의 개념'을 '나의 개념'에 끌어들이는 것입니다. 저자들은 나름대로 자신의 용어를 정의해 사용합니다. 수학에서는 모든 저자가 똑같은 개념을 사용하지만 인문학이나 사회과학에서는 저자마다 나름의 개념을 새롭게 개발하는 경우가 많습니다. 예를 들어 '유목'이라고 하면 무엇이 떠오르나요? 푸른 초원에서 양이나 소를 기르며 이동하는 유목민이 떠오르지 않나요? 그러나 인문학에서 '유목주의'라는 말은 특정한 사상이나 정치에 구속되지 않고 자유롭게 벗어난 사유나 행동방식을 뜻하기도 합니다. 물론 다른 뜻으로 유목주의라는 말을 사용하는 사람들도 있긴 하지만요. 이런 개념들을 어떻게 사용할 것인지가 제2단계에서 아주 중요한 문제입니다.

먼저 수많은 자료에서 사용된 한 단어가 동일한 하나의 의미로 사용되리라는 기대는 버려야 합니다. 그건 사실이 아닐뿐더러 우리의 수준에서 해결할 수 있는 문제도 아닙니다. 우리에게 필요한 일은 자료에 나타난 중요한 개념들을 자신의 탐구 주제에 포함시키되 최대한 탄탄한 근거를 확보하는 것입니다. 물론 다른 저자가 사용한 개념을 자기 식대로 마음껏 바꿔도 된다는 뜻은 아닙니다. 단지 일정한 범위 내에서 타협을 하라는 말입니다. 예를 들어 조선시대의 '민본주의'와 현대의 '민주주의', 고대 그리스의 '민주주의'는 모두 다른 뜻으로 사용되지만, 대중의 의견을 존중한다는 점에서는 공통분모가 있습니다. 개념을 사용할 때 이런 공통분모를 잘 포섭하라는 말입니다.

애들러는 이런 작업을 '번역'에 비유했습니다. 뜻을 온전히 전하는 완벽한 번역이란 불가능한 일이지만 뜻을 최대한 전달하는 것은 충분히 가능하다는 의미에서요. 예를 들어 "나보기가 역겨워 가실 때에는"이라는 구절을 영어로 번역한다고 해 봅시다. 단어 하나하나 영어로 고스란히 옮긴다는 것은 사실상 불가능하겠지요. 기껏해야 "내가 보기 싫어서 간다면" 정도의 의미만 전달할 수밖에요. 우리는 어쩔 수 없이 자신의 뜻을 전달하기 위해 말로 번역을 해야 합니다. 저자들의 개념도 마찬가지예요. 책을 읽을 때 저자의 개념을 독자 자신의 어휘로 번역해야 합니다. 이리하여 저자의 개념은 독자의 보고서 안에서 새로운 의미를 획득하게 되지요.

➡ 9. 저자의 개념을 해석할 때 자기만의 근거를 확보한다. 원래의 단어를 사용하든 아니든 가급적 중립적인 용어를 정한다.

이제 '생태계 보존과 지속 가능한 발전'이라는 주제에 맞게 개념을 찾아봅시다. '환경' '지구' '생태권' '먹이사슬' '지속 가능한 개발' '녹색성장' '환경산업' '신재생에너지' 등의 개념을 발견하게 되겠지요. 이 모든 개념이 탐구 주제에 딱 맞아 떨어지지는 않더라도 최대한 필요한 부분을 찾아서 연결시킬 수 있어야 합니다. 딱 맞아 떨어지는 개념만 찾으려고 작정하면 쓸 수 있는 자료가 거의 없을 수도 있습니다. 이때 유용한 방법은 중심 개념과 주변 개념으로 정리해 보는 겁니다. 탐구 주제에 매우 근접한 것을 중심 개념으로, 그와 유사한 것들을 하위 개념, 혹은 주변 개념으로 포섭해서 뭉뚱그려 봅니다. 그리고 그 안에서 약간의 차이가 있다면 조금씩 조정합니다. 이 과정에도 자료의 출처를 정리하는 것은 매우 중요한 일입니다.

➡ 10. 주제에 맞는 개념들을 찾는다. 이때 주제에 매우 근접한 중
심 개념과 주변 개념을 모두 찾는다.

탐구를 심화하는 질문들과 대답 찾기

이제 통합적 읽기의 제3단계에 들어섭니다. 제3단계의 핵심은 주제와 관련해 자료의 저자들에게 질문을 던지고 답을 구하는 것입니다. 사실 저자는 자기 책에서 스스로 질문하고 답을 합니다. 자신의 질문에 대답하기 위해 책을 썼다고 해도 과언은 아니지요. 어쩌면 여러분이 던지는 질문은 저자들의 관심사가 아닐 수도 있습니다. 결국 책에서 원하는 답을 찾지 못할 수도 있다는 말이에요. 그렇다고 해서 질문을 바꿔서는 안 됩니다. 그럼 여러분의 탐구 주제는 사라져 버릴 테니까요.

질문은 어떤 것이 좋을까요? **우선은 모든 저자가 답할 수 있는 포괄적인 질문**을 생각해 봅니다. 가령 "정의란 무엇인가?"라는 식의 질문

제레미 리프킨의 『엔트로피』(2000, 세종연구원) 번역본 표지예요. 초판본은 1980년 미국에서 나왔어요. 이 책은 자본주의와 현대 과학기술의 폐해를 맹렬히 비판하고 있는데 경제학자이자 사회과학자인 저자가 과학 지식을 잘못 이해하고 책을 썼다는 평가를 받기도 한답니다.

은 많은 인문학자들의 대답을 끌어낼 수 있습니다. 그러나 2단계를 거치는 동안 주제를 좀 더 세밀하게 발전시켰다면 질문도 좀 더 구체적으로 다듬어지겠지요. 가령 "분배적 정의를 통해서 기회의 평등과 개인의 자아 실현은 가능한가?"라는 식으로. 물론 이런 질문에 딱 맞게 대답하는 저자는 거의 없을 것입니다. 그러나 여러분은 **자신이 뽑은 자료의 저자에게 그 답을 얻어내야 합니다.** 이 책의 저자라면 이런 답을 했을 것이라는 식으로 추론하는 것이지요. 그런 말이 책에 직접적으로 나와 있지 않다 하더라도, 최소한 그럴 만한 확실한 근거를 찾는 것이 중요합니다.

'생태계와 지속 가능한 발전'이라는 주제를 봅시다. 일단, "생태계를 보전하면서도 과거보다 나은 생활 수준을 보장하는 경제 발전이 가능할까?"라고 좀 더 구체적인 질문을 던집니다. 그런 다음 『침묵의 봄』의 저자 레이첼 카슨이나 『엔트로피』의 저자 제레미 리프킨에게 대답을 요구하는 것이지요. 『부의 미래』의 앨빈 토플러나 심지어는 『먹어서 죽는다』의 법정 스님에게도 물을 수 있습니다.

이 책들에는 직접적인 대답이 없을지 모릅니다. 그러나 아직 포기할 때가 아닙니다. 앞서 배운 내용을 떠올려 보세요. 자료를 읽되 탐구 주제에 따라 선택적으로 읽어야 한다고 했지요. 주제에 맞게 질문을 던지고 그 답을 찾는 과정이 바로 독서가 되어야 합니다. 만일 답이 보이면 바로 정리하고 메모합니다. 답이 잘 드러나지 않으면 전체 내용을 요약하면서 저자가 했음직한 답을 추론한 뒤 그 근거를 찾는 것이 바로 이 과정의 독서 방법입니다.

➡ 11. 탐구 주제에 맞게 저자에게 던질 질문을 만든다. 저자가 직접적인 대답을 했으면 바로 메모하고, 그렇지 않았다면 내용을 요약하면서 저자의 대답을 추론한다.

> ### ✎ 통합적 읽기 두 번째 단계(3단계)
> - 저자들에게 던질 질문들을 만들고 답을 찾는다.
> - 쉽게 답을 찾지 못한다고 질문을 바꿔서는 안 된다.
> - 포괄적인 질문부터 세부적인 질문까지 다양하게 한다.
> - 직접적인 답이 없으면 답을 추론하고 답의 근거를 정리한다.

통합적 읽기의 마지막 4, 5단계를 살펴보겠습니다. 제4단계의 핵심은 질문의 답을 찾아낸 뒤 정리하는 것입니다. 이때 질문에 대한 답을 찬성과 반대의 입장으로 명확히 구분하고, 그 근거도 열 줄 정도로 정리합니다. 새로운 쟁점이 있는지도 확인합니다.

"지속 가능한 발전은 가능한가?"에 대한 답은 기본적으로 세 가지 입장으로 나눌 수 있습니다. (1) 가능하다 (2) 가능하지 않다 (3) 아직은 알 수 없다. 아마도 앨빈 토플러라면 충분히 가능하다고 보겠고, 책에서 직접 그의 의견을 찾아낼 수 있을 겁니다. 제레미 리프킨이라면 가능하지 않다고 답할 것입니다. 이런 답들을 좀 더 많이 만들고 찬반 논쟁으로 구성합니다.

➡ 12. 저자의 대답을 정리한다. 핵심 내용 요약하듯이 저자의 주장과 근거를 열 줄 정도로 요약 정리한다. 각각의 대답들을 찬성과 반대로 논쟁적으로 재구성한다. 그 차이를 뚜렷이 구분한다.

통합적 읽기 제5단계에서는 질문과 대답들을 탐구 주제에 잘 맞아떨어지도록 체계적으로 정리합니다. 쉽게 결론이 내려지지 않는 쟁점들일수록 어떤 근거에 의해 서로 다른 의견을 주장하는지를 중점적으로 정리합니다. 당장 결론을 내리지 못하더라도 괜찮습니다. 충분한 근거들을 가지고 정리한 것 자체가 훌륭한 연구 성과물이 될 수 있으니까요.

　아마도 앨빈 토플러라면 "환경을 보전하는 동시에 경제 발전이 충분히 가능하다. 새로운 부의 창출 시스템과 인간의 창조력이라면 충분히 문제를 극복할 수 있을 것이다."라고 답하겠지요. 법정 스님은 아마 다르게 말할 것입니다. "인간은 서구화된 생활 방식을 벗어나 자연친화적인 삶을 살아야 한다. 그래야 새로운 미래가 열릴 것이다."라고 대답할 것입니다.

　이때 앞에서 정리했던 것보다 좀 더 깊은 질문들이 생길 수 있습니다. 다시 말해 **좀 더 깊게 분석해야 할 쟁점들**이지요. 먼저 근본적인 질문부터 생각해 봅시다. "과연 발전이라는 것이 인류에게 도움이 되는 것인가?"라고. "지속 가능한 발전에서 발전이라는 것은 정신적인 것인가, 물질적인 것인가?"라는 질문도 있을 수 있겠지요. 이에 대한 발전론자들의 대답이 앞서 말한 세 가지(가능하다, 가능하지 않다, 아직은 알 수 없다)입니다. 이런 질문은 앞서 제기했던 질문에는 포함되지 않지만 매우 중요한 문제임에는 틀림 없습니다. 이런 전제에 해당하는 질문에 대해서도 정리해 둡니다.

　일단 물질적 발전에 동의하는 사람들 사이에도 좀 더 세부적인 분석이 필요합니다. '가능하다'는 입장도 여러 갈래로 나뉠 수 있기 때문입니다. 기존의 화석연료나 산업을 그대로 유지하면서도 법적 제약을 좀 더 구체화하면 충분하다는 입장, 과학과 기술의 발전에 따라 새로운 친환경 소재의 개발이나 재생에너지의 사용으로 가능하다는 입장, 친환경적인 농업이나 전통 산업의 방식을 잘 활용하면 충분히 가능하다는 입장 등이 있겠지요. 이처럼 다양한 의견을 좀 더 깊게 분석하며 구분해 정리합니다.

➡ 13. 저자의 주장과 입장을 풍부한 근거와 함께 정확하게 정리한다. 찬반 입장을 구분해 정리한다. 내용을 정리하면서 좀 더 발전적인 과제를 찾아보고 분석해 본다.

통합적 읽기의 완성은 글쓰기

통합적 읽기는 글쓰기에서 결실을 맺습니다. 앞서도 말했지만 통합적 읽기는 연구 보고서나 논술, 더 나아가 논문을 쓰는 밑바탕이 되는 독서법입니다. 지금껏 연습한 방식대로 탐구 주제를 선정하고 자료를 수집한 뒤 자료를 심도 있게 검토해 주제에 관련된 질문과 답을 정리합니다. 이것은 나만의 글을 쓰기 위한 준비단계에 해당합니다.

글쓰기는 여기서 본격적으로 다루지는 않겠지만, 간단히 말하면 **이전에 읽은 책들을 모범 삼으면 좋은 글을 쓸 수 있습니다.** 좋은 글쓰기의 과정은 이렇습니다. 일단 글의 주제를 정하고 개요를 논리 정연하게 작성합니다. 이어서 주장과 논거를 전개하는 방식을 심사숙고해 정한 뒤, 문단별로 중심 내용을 쓰고 핵심 문장을 만듭니다. 이렇게 뽑은 핵심 문장을 중심으로 앞뒤에 한 줄 두 줄 살을 붙여 가면 됩니다.

글쓰기 역시 전체적인 틀을 잡는 것이 가장 중요합니다. 일단 개요를 작성한 뒤에는 직접 글을 써 가며 수정해야 합니다. 우선은 한 장으로 내용을 정리하고, 다음에는 다섯 장 정도로 내용을 확대해 봅니다.

자, 이렇게 하면 본격적인 글쓰기 준비가 다 된 것입니다. 앞에서 통합적 읽기 훈련을 잘 따라왔다면 글쓰기도 충분히 잘할 수 있습니다.

> **글쓰기 과정**
> 1. 글의 주제를 정한다.
> 2. 개요를 작성한다.
> 3. 문단의 중심 내용과 핵심 문장을 정한다.
> 4. 핵심 문장을 중심으로 앞뒤로 살을 붙인다.

한 단계 성장하는
독서를 위하여

사전에 의존하지 않는다

국어사전은 흔히 단어의 뜻을 찾는 용도로 쓰이고, 특정 분야의 전문용어를 찾는 경우 전문사전이 필요하다. 요즘은 대체로 인터넷 검색을 통해서 찾는 것이 빠르고 쉽고 정확하다. 다만 책과 사전을 동시에 펼쳐 놓고 쉴 새 없이 사전을 찾아 가면서 읽는 것은 그다지 좋은 독서가 아니다. 독서의 흐름이 깨지고 책의 통일성을 놓치기 쉽기 때문이다. 쉴 새 없이 사전을 찾아야 한다면 아직은 자신이 그 책을 읽을 만한 수준이 아니라고 생각하고 과감하게 그 책을 덮으라.

그래도 포기하고 싶지 않은 책이라면 사전의 도움을 받지 말고 처음부터 끝까지 일단 한 번 읽어 본다. 잘 모르는 단어가 나와도 문맥에서 최대한 파악하고 추리하려고 애쓰면서 살짝 표시만 해 둔 채 계속 읽는다. 생전 처음 보는 단어나 전문용어가 나오면 그때는 사전을 찾는다. 그러나 문맥상 중요하지 않다고 생각되면 그마저도 사전을 찾지 않고 넘어간다.

한 권의 책으로 쉽게 속단하지 않는다

위대한 사상가들의 생각은 한 권의 책으로 다 이해하기 어렵다. 대체로 그 사상이 종합적이고 거대하기 때문이다. 플라톤의 사상을 알려면 그의 대화편 중에서 적어도 『변명』, 『국가』, 『파이돈』, 『프로타고라스』는 읽어야 한다. 칸트의 사상 역시 『순수이성비판』, 『실천이

성비판』, 『판단력 비판』 등 여러 작품의 연관 관계를 알아야 종합적으로 이해할 수 있다.

철학 혹은 사상서는 가급적 시대 순서로 읽는 것이 좋다. 훌륭한 사상가일수록 그들을 앞서간 사상가들의 책을 충분히 소화한 다음 자신의 의견을 정리하기 때문이다. 역사나 과학 분야의 서적들도 마찬가지다. 만일 시대 순으로 읽을 여유가 없다면 적어도 그 분야의 전체적인 흐름을 정리한 책을 읽는다. 철학사, 서양사, 과학사 같은 개론서가 이에 해당한다. 개론서는 간략하기 때문에 시간을 절약할 수 있다는 장점이 있는 반면, 편저자의 편견이 개입될 수 있다는 위험도 따른다. 따라서 될 수 있으면 두세 권 이상의 책을 가지고 비교하면서 읽는 것이 좋다.

한 권의 책을 이해하기 위해서 그 시대를 탐구하는 것도 매우 좋은 방법이다. 그 시대를 조명한 소설, 역사, 경제 분야의 책들을 읽으면 이해에 큰 도움이 된다. 플라톤의 『국가』를 제대로 이해하기 위해 그 시대에 관한 역사서나 플라톤과 관련된 소설, 그리고 당시의 신화를 읽어 보면 더욱 좋다. 플라톤의 철학을 제대로 이해하기 위해서는 소피스트와 소크라테스, 아리스토텔레스의 철학뿐 아니라 고대 철학 전반에 대해서도 공부하는 것이 좋다.

해설서, 주석서에 의존하지 않는다

특히 고전에는 겉으로 드러난 내용보다 속뜻이 더 많은 만큼 이를 해설하는 책들이 많은 편이다. 맹자의 『논어』는 우리말 번역뿐 아니라 해설서도 매우 많다. 심지어 원전보다 해설서가 더 많을 지경이다. 이런 해설서들은 어려운 고전을 쉽게 풀어 주는 고마운 존재다.

그러나 이런 책을 활용할 때도 주의할 점이 있는데 의도와는 다르게 해설서만 보고 고전을 읽지 않을 우려가 있다는 것이다. 처음에는 해설서를 읽은 다음 고전을 읽겠노라 다짐하지만 해설서를 읽을 때부터 난관에 부딪히고는 중도 포기하는 사람이 많다. 게다가 해설서만으로도 고전을 충분히 알았다고 속단하는 경우도 적지 않다.

해설서는 고전을 읽기 위해서만 참고하기 바란다. 더욱이 고전을 이해하는 데 해설서를 전적으로 의존해서는 안 된다. 해설서의 의견을 앵무새처럼 따라하지 말고 자신의 의견을 존중하라는 뜻이다. 고전을 제대로 읽고 싶다면 항상 고전이 우선이고, 해설서는 참고만 하되 가급적 여러 권을 비교해 가면서 읽기 바란다.

책도 성장하고 나도 성장한다

연습하고 연습하자

이제 좋은 책을 제대로 읽는 법에 대한 소개가 끝났습니다. 책을 잘 읽는 방법에서 핵심은 적극적으로 읽는 것입니다. 적극적으로 능동적으로 읽을수록 더 잘 읽을 수 있습니다. 적극적으로 읽는 것의 핵심은 질문을 던지면서 읽는 것입니다. 그리고 질문은 공통적인 질문이 있고 책의 종류에 따라 달라지는 것도 있다는 것을 알았습니다.

책읽기의 총 네 가지 수준을 살펴보았고, 마지막으로 글을 잘 쓰기 위한 통합적 읽기를 배워 보았습니다. 여기까지 애들러의 '책 읽는 법'에 대한 소개가 끝났습니다. 여러분이 잘 소화할 수 있게 최대한 쉽게 전달하도록 노력했는데, 이제 남은 일은 여기서 배운 대로 꾸준히 책을 읽는 길뿐입니다.

좋은 책은 우리의 능력을 향상시켜 줍니다. 독자 자신의 능력 내에 머무는 책은 아무리 많이 읽어도 실력이 쌓이지 않습니다. 자신의 능력을 넘어서는 책, 생각의 수준을 뛰어넘는 책을 택해서 읽어야 합니다. 그래야만 정신의 지평이 확장되고 배움을 통해 실력이 향상될 수 있습니다.

책을 잘 읽는 것뿐 아니라 책 읽는 능력을 향상시켜 줄 책을 찾아내는 것도 중요합니다. 오직 재미뿐 더는 줄 것이 없는 책에서 무엇을 기대할 수 있을까요? 반면 지식만을 담아낸 책도 정신세계를 확장시켜 주지는 못합니다. 머릿속에 더 많은 것을 채워 넣을 뿐 정신의 수준은 이전과 전혀 달라지지 않습니다. 지식의 양적 변화는 있지만 지혜의 질적 차이는 없는 것이지요.

다시 말하지만 자신의 능력을 넘어서는 책을 읽어야 합니다. 이때 주의할 점은 자신이 잘 모르는 어려운 영역의 책이라고 해서 도전할 만한 책, 능력을 향상시켜 주는 책은 아니라는 것입니다. 흔히 독자들은 철학이나 과학 분야의 책이 어렵다고 생각하지요. 그러나 알고 보면 이 분야는 의외로 쉽게 읽히는 책들이 많습니다. 오히려 흔히 쉽다고 생각하는 시가 더 어렵기도 하고 정신의 수준을 높여 주기도 합니다.

가장 좋은 책이 가장 좋은 것을 줍니다. 우선, 어렵지만 좋은 책을 붙잡고 씨름한 대가로 책 읽는 기술이 향상됩니다. 또 좋은 책은 세상과 독자 자신에 대해 그 누구보다 많은 것을 가르쳐 줍니다. 인생을 가르쳐 주고, 더 많은 지혜를 줍니다. 지식이나 정보만 제공하는 책과는 차원이 다르지요. 좋은 책이 주는 지혜란 인생의 진리를 좀 더 깊이 깨닫는 것입니다. 위대한 책은 삶에 대한 사고와 경험이 어느 누구보다 깊고 넓은 위대한 작가들에 의해 쓰인 것이니까요.

본문에서 책에도 수준이 있다는 이야기를 했는데 이제 그것과는 약간 다른 방식으로 책의 수준에 대해 말해 보겠습니다. 애들러는 책을 99%와 1%, 그리고 극소수의 책으로 나눕니다. 우리가 흔히 보는 책들은 재미와 흥미, 지식, 정보를 주는 것들입니다. 그러나 정신을 바짝 차리고 읽어야 할 책들이 분명 있습니다. 위대한 저자들이 심혈을 기울인 책, 인류의 관심사를 다룬 책. 100권 중에 한 권, 아니 1,000권 중에 한 권 있을까 말까 한 그런 책들 말입니다. 그런 책들은 마땅히 분석적으로 읽어야 합니다. 우리는 거기서 읽는 법과 인생을 동시에 배우게 됩니다.

그중에서도 굉장히 특별한 책들이 있습니다. 몇 번을 다시 읽어도 읽을 때마다 항상 새로움을 주는 책 말이지요. 여러분도 그런 책이 있나요? 예전에 읽을 때도 느낌이 남달랐고, 몇 번이고 다시 읽을 때마다 새로운 느낌, 새로운 깨달음을 주는 책이 있습니다. 꼼꼼히 분석하며 읽은 뒤 책꽂이에 꽂아 두었지만 문득문득 생각이 나서 다시 찾게 되는 책, 그때마다 기대를 저버리지 않고 새로운 깨달음을 주는 책을 여러분도 분명 찾을 수 있습니다.

그러나 책꽂이에 꽂아 둔 책을 부푼 기대를 안고 다시 펼쳐 들었는데 예상 밖으로 실망만 들었다면 그것은 그 사이에 독자의 정신이 성장했다는 사실을 반증합니다. 독자의 높아진 정신세계에 그 책이 미치지 못하는 것이지요.

책도 성장하고 나도 성장한다

정말 위대한 책은 어떤 수준의 독자가 읽어도 배울 것이 있는 책입니다. 예전에 큰 감동을 받은 책을 다시 펼쳐 보았을 때 그 사이에 책이 마치 스스로 성장한 듯 예전에 발견하지 못한 것들을 안겨 줍니다. 예전에 주었던 감동에 덧붙여서 새로운 내용을 드러냅니다.

어떻게 이런 일이 가능할까요? 한번 활자로 인쇄된 책이 어떻게 성장한다는 말일까요? 그것은 책의 수준이 독자의 수준보다 항상 한 수 위이기에 가능한 일입니다. 그런 책은 독자보다 단지 더 높은 수준에 있는 것에 그치지 않고, 입체적인 수준으로 넓고 다채롭게 자신을 드러냅니다. 그래서 매번 다른 수준으로 읽히는 것이고, 독자의 수준이 아무리 높아도 더 높은 수준으로 끌어올릴 수 있습니다. 이런 책은 죽을 때까지 읽어도 독자가 책의 수준을 넘어서지 못할 수도 있습니다.

애들러는 이런 책은 아마도 100권이 채 안 될 것이라고 말합니다. 독자에 따라서는 더 적을 수도 있겠지요. 능력 차이도 있을 테고 취향에 따라서도 달라지겠지요. 어떤 사람은 셰익스피어를 좋아하고 어떤 사람은 뉴턴을 더 좋아합니다. 게다가 그렇게 가치 있는 소수의 책을 찾아내는 것은 독자의 몫입니다. 어떻게 그런 책을 찾을 수 있을까요? 애들러는 흥미로운 방법을 알려 줍니다. 만일 남은 인생을 무인도에서 보내야 할 때 10권의 책만 가지고 간다면 무엇을 선택할 것인가? 평생을 10권만 읽어야 한다면 어떤 책이 좋을 것인가? 이 질문이 여러분에게 적절한 답이 되기를 바랍니다.

그러나 아직 책을 많이 접해 보지 못한 독자들에게는 매우 난감한 방법입니다. 지금까지 읽은 책보다 앞으로 읽어야 할 책이 더 많은 독자라면 좀 다른 방법이 있어야 하지 않을까요? 그래서 다른 제안을 해 보겠습니다.

여러분이 십대라면 지금부터 좋은 책은 읽고 나서 책꽂이 한쪽에 잘 모아 두세요. 몇 년 뒤에 다시 읽어 볼 때 도움이 되도록 독서 목록도 꼼꼼히 정리해 놓습니다. 그리고 그때 다시 한 번 확인해 보세요. 여러분의 성장과 책의 성장을 비교해 볼 때 책은 그대로이고 여러분만 성장했다면 그 책은 그냥 좋은 수준의 책입니다. 만일 새롭게 깨닫는 것이 많다면 상당히 좋은 책일 것입니다.

세월이 흘러 20대, 30대가 되어서 누군가 좋은 책을 추천해 달라고 할 때 그동안 책꽂이에 꽂아 둔 책들을 한 번 더 읽어 봅니다. 다 읽을 필요도 없습니다. 조금만 들여다봐도 다시 읽게 되는 책들이 있고 그저 기억을 되살리고 마는 책들이 있게 마련입니다. 만일 여러분이 40대가 되어서도 다시 들여다보는 책이 있다면 그 책은 흔히 말하는 고전에 속하는 책일 것입니다.

지금 당장 더 좋은 책을 찾아서 읽으려는 독자들은 그럴 여유가 없습니다. 누군가의 도움을 받아야 합니다. 그렇다면 책을 잘 읽는 사람들이 추천하는 도서를 읽도록 하세요. 남들보다 책을 많이, 또 오래 읽은 사람들, 책을 잘 읽는 사람들이 추천하는 좋은 책에서부터 출발한다면 성공할 가능성이 매우 높습니다.

저도 여기서 여러분이 읽으면 좋은 책 목록을 소개하니 잘 활용해 정신의 성장을 이루기 바랍니다. 항상 사용하는 근육은 강화되고 발달하듯이 정신도 항상 활용하고 연마하면 계속 성장합니다. 조금 나태해지고 느슨해지면 신체가 약해지듯 정신 역시 잘 사용하지 않으면 둔해집니다. 좋은 책을 통해서 여러분의 정신이 날로 성장하기를 기원합니다.

- 수준 높은 독서를 위해 꼭 읽어 봐야 할 책들

- 이 책을 쓰면서 참고한 고마운 책들

먼저 『독서의 기술』의 저자 애들러가 제시한 도서 목록을 살펴보겠습니다. 애들러는 추천 도서의 기준으로 "평생 동안 읽을 만한 가치가 있는 책인지 아닌지"를 들었습니다. 위대한 책은 아닐지라도 책을 읽는 데 기울인 노력을 충분히 보상해 줄 만한 책들이라고 하면서요. 보통 사람들의 이해 수준을 넘는 것으로, 독자들의 이해력과 작품 감상 능력을 향상시켜 주는 뛰어난 작품들로 골랐다고 합니다.

또 독서는 많이 읽는 것보다는 잘 읽는 것이 중요하기 때문에 1년 동안 불과 몇 권밖에 읽지 못했다고 해서 실망하거나 절망하지 말라고 합니다. 그러면서 이 목록의 어떤 책이든 관심과 흥미가 있는 책부터 읽으라고 권합니다.

그는 총 137명의 저자들이 쓴 300여 권을 선정했는데 여기엔 서양의 고전만 포함됩니다. 저는 그중에서 여러분이 어느 정도 읽는 게 가능한 문학과 철학, 역사서 위주로 골랐습니다. 여러 가지 판본이 있고 개인의 취향이 다른데다 지속적으로 좋은 번역본이 나오기 때문에 책의 저자와 제목만을 시대 순으로 제시하겠습니다. 더 많은 자료를 원하는 독자는 모티머 애들러의 『생각을 넓혀주는 독서법』(멘토)을 참고하기 바랍니다.

● 서양 고전 목록

1. 일리아스, 오디세이아 －호메로스
2. 성경
3. 그리스 비극 －아이스킬로스, 소포클레스, 에우리피데스
4. 역사 －헤로도토스
5. 펠로폰네소스 전쟁사 －투키디테스
6. 희극 －아리스토파네스
7. 국가, 향연, 파이돈, 소크라테스의 변명, 파이드로스, 프로타고라스 －플라톤

8. 형이상학, 니코마코스 윤리학, 정치학, 시학 —아리스토텔레스

9. 영웅전 —플루타르코스

10. 신곡 —단테

11. 군주론 —마키아벨리

12. 유토피아 —토마스 모어

13. 가르강튀아와 팡타그뤼엘 —라블레

14. 돈키호테 —세르반테스

15. 햄릿, 베니스의 상인, 한여름 밤의 꿈, 로미오와 줄리엣 등 —셰익스피어

16. 리바이어던 —홉스

17. 방법서설, 성찰, 철학적 원리 —데카르트

18. 에티카 —스피노자

19. 걸리버 여행기 —스위프트

20. 에밀, 인간불평등 기원론, 사회계약론 —루소

21. 국부론 —애덤 스미스

22. 순수이성비판, 실천이성비판, 도덕 형이상학의 원리 —칸트

23. 파우스트 —괴테

24. 자유론 —밀

25. 종의 기원, 나의 삶은 서서히 진화해왔다(자서전) —다윈

26. 시민 불복종, 월든 —소로우

27. 자본론, 공산당 선언 —마르크스

28. 모비딕 —멜빌

29. 죄와 벌, 카라마조프가의 형제들 —도스토예프스키

30. 전쟁과 평화, 단편들 —톨스토이

31. 허클베리 핀의 모험 —마크 트웨인

32. 차라투스트라는 이렇게 말했다 —니체

33. 꿈의 해석 —프로이드

34. 심판, 성, 변신 —카프카

—

다음은 동양 고전 목록입니다. 주로 서울대에서 선정한 고전도서 100권의 목록을 참고했습니다. 애들러의 목록과 중복되는 것은 제외했고 과학도서도 선정해 보았습니다.
서울대 '권장도서 해제집'에는 총100권의 동서양의 각 분야의 좋은 책들이 소개돼 있으므로 더 찾아볼 독자들은 직접 찾아보기를 권합니다.

● **동양 고전 · 과학 추천 도서 목록**

35. 논어

36. 맹자

37. 대학

38. 중용

39. 노자

40. 장자

41. 사기 — 사마천

42. 아함경

43. 우파니샤드

44. 삼국유사 — 일연

45. 삼국사기 — 김부식

46. 구운몽 — 김만중

47. 춘향전

48. 열하일기 — 박지원

49. 정지용 시집

50. 백석 시집

51. 토지 — 박경리

52. 간디자서전

53. 루쉰 소설집

54. 과학혁명의 구조 — 쿤

55. 엔트로피 ―리프킨

56. 이기적 유전자 ―도킨스

―――

다음으로 본문에서 소개했던 책들을 알려드리겠습니다. 최고 수준의 책은 아닐지 몰라도 적어도 한 번은 읽을 가치가 있는 책들입니다. 그중에는 여러 번 읽을 만한 고전 수준의 좋은 책들도 있습니다. 여러분이 쉽게 읽을 수 있는 것부터 조금 수준 높은 것까지 고루 골라 봤습니다. 다양한 판본이 있는 고전과 번역본은 제목만을, 국내서는 저자, 출판사, 출간연도까지 소개합니다.

●본문에서 소개한 도서 목록

57. 어린왕자 ―생텍쥐페리

58. 이상한 나라의 앨리스 ―루이스 캐럴

59. 소나기, 카인의 후예, 나무들 비탈에 서다 ―황순원

60. 내 영혼이 따뜻했던 날들 ―포리스트 카터

61. 명혜 ―김소연, 창비, 2007.

62. 올바르게 풀어쓴 백범일지 ―배경식, 너머북스, 2008.

63. 마사코의 질문 ―손연자, 푸른책들, 2009.

64. 페르마의 마지막 정리 ―사이먼 싱

65. E=mc² ―데이비드 보더니스

66. 부의 미래 ―앨빈 토플러

67. 생각한다는 것 ―고병권, 너머학교, 2010.

68. 북학의 ―박제가

69. 심청전

70. 안중근 의사 자서전 ―안중근, 범우사, 2000.

71. 이야기 동학농민전쟁 ―송기숙, 창비, 1992.

| 이 책을 쓰면서 참고한 고마운 책들 |

- 독서의 기술 –모티머 J.애들러 저, 민병덕 역, 범우사, 1986.
- 생각을 넓혀주는 독서법 –모티머 J.애들러, 찰스 반 도렌 공저, 독고 앤 역, 멘토, 2012(2010)
- 다산 선생 지식 경영법 –정민 저, 김영사, 2006.
- 독서의 즐거움 –수전 와이즈 바우어 저, 이옥진 역, 민음사, 2010.
- 생각의 기술, 논술의 기술 1, 2, 3 – 리처드 폴 등 저, 박진환 등 역, HOTEC, 2006.
- 단단한 공부 –윌리엄 암스트롱 저, 윤지산, 윤태준 공역, 유유, 2012.
- 책을 읽는 방법 –히라노 게이치로 저, 김효순 역, 문학동네, 2008.
- 나는 이런 책을 읽어왔다 –다치바나 다카시 저, 이언숙 역, 청어람 미디어, 2001.
- 천천히 깊게 읽는 즐거움 –이토 우지다카 저, 이수경 역, 21세기북스, 2012.

표지 그림을 그린 **김진화** 선생님은
대학교에서 회화를 공부하고 어린이 책에 그림을 그려 왔습니다. 여러 가지 재료로 물건을 만들어서 사진을 찍는 등 다양한
기법으로 재미있는 그림, 뜻을 담은 그림을 만들기 위해 애쓰고 있습니다. 「친구가 필요해」 「학교 가는 길을 개척할 거야」 「기
록한다는 것」 「삼국유사, 끊어진 하늘길과 계란맨의 비밀」 「너는 네가 되어야 한다」 등 여러 책에 그림을 그렸습니다.

너머학교 고전교실 05

독서의 기술 책을 꿰뚫어보고 부리고 통합하라

2013년 9월 30일 제1판 1쇄 발행
2019년 4월 10일 제1판 5쇄 발행

지은이　　　허용우
펴낸이　　　김상미, 이재민

편집　　　　오경희
디자인기획　민진기디자인
마케팅　　　이한나

종이　　　　다올페이퍼
인쇄　　　　청아문화사
제본　　　　광신제책

펴낸곳　　　너머학교
주소　　　　서울시 종로구 자하문로24길 32-12 2층
전화　　　　02)336-5131, 335-3366, 팩스 02)335-5848
등록번호　　제313-2009-234호

너머북스와 너머학교는 좋은 서가와 학교를 꿈꾸는 출판사입니다.